U0939526

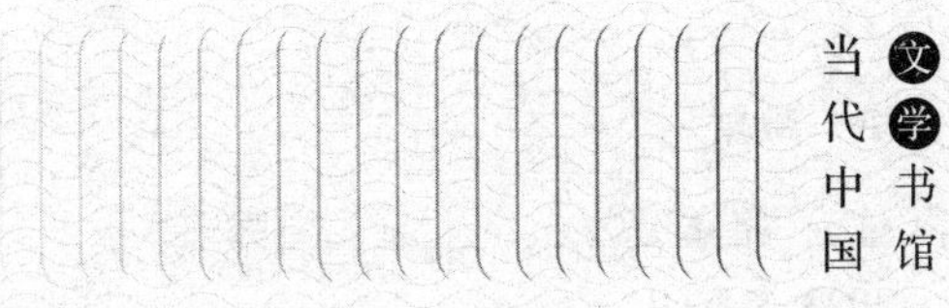

文学书馆
当代中国

别让不好意思害了你

骆宾 编著

中国文联出版社

图书在版编目（CIP）数据

别让不好意思害了你 / 骆宾编著. -- 北京：中国文联出版社，2018.4（2023.3 重印）

ISBN 978 - 7 - 5190 - 3533 - 4

Ⅰ.①别… Ⅱ.①骆… Ⅲ.①心理交往—通俗读物 Ⅳ.①C912.11 - 49

中国版本图书馆 CIP 数据核字（2018）第 071673 号

编　　著　骆　宾
责任编辑　刘利平
责任校对　乔宇佳
装帧设计　中联华文

出版发行　中国文联出版社有限公司
地　　址　北京市朝阳区农展馆南里 10 号　　邮编　100125
电　　话　010 - 85923025（发行部）　　85923091（总编室）
经　　销　全国新华书店等
印　　刷　三河市华东印刷有限公司

开　　本　880 毫米×1230 毫米　　1/32
印　　张　8
字　　数　194 千字
版　　次　2023 年 3 月第 1 版第 3 次印刷
定　　价　78.00 元

目　录

Part 1
能断能忍，别让不好意思害了你

c o n t e n t s

Part 2
对症下药，了解不好意思的成因

Part 3
找回自信，告别不好意思的心态

Part 4

行事果断，拒绝做『不好意思』的人

c o n t e n t s

Part 5

忠言逆耳，不好意思也要把话说出口

c o n t e n t s

Part 6

求人办事，别让『面子』害了你

Part 7

圆滑变通，八面玲珑最重要

c o n t e n t s

Part 1

能断能忍，别让不好意思害了你

忍耐不是怯弱，而是一种自我控制的能力，一种审时度势的智慧，一剂保全自己的良方，一种主动收缩的调整，一种以进为退的策略，一种经历挫折的持重……忍耐，让人不断蜕变。

学会放下，是对自己的宽恕：只有放下心中的欲望，才能心平气和地生活；只有放下心中的怒气，才能看到人性的美丽；只有放下满心的恨和不平衡，心才能够自由呼吸。

学会克制，人最难战胜的是自己

凡是那些体悟佛理的世俗中人都知道，佛学的道理并不高深，也不需要特别的技巧去做，但是没有几个人得道成佛。原因在于，没有人愿意把自己完全控制住。人们免不了放纵自己，——任自己情欲的发展。

为佛之道，在一“空”字。男子汉大丈夫，说放下就放下，一切都无所谓了，这就是四大皆空的“空”。

可是明白了这个道理的人，却自叹办不到。比如说要目无美色，本不是件很难的小事，可是情欲一来，我们却马上缴械。挣钱养家的事，说不做就可以不做了，但是没有几个人能做到这一点。

所以，尽管我们老说“放下屠刀，立地成佛”，但是真正能立地成佛的却没有几个人。非不能也，是不为也。

人很难控制自己的喜怒哀乐等七情六欲。在法庭上，一些犯人对于对方律师的质问通常会以“我不记得了”或“我不知道”来回答。所以聪明的律师就会用尽各种可能的办法来套取证人的供词。有时他会故意羞辱证人，激怒证人。一旦证人上了钩，被律师的话刺激得怒不可遏，就往往会失去自制，说出他在冷静的情况下不会说出的证词。

人的一生，有许多事情要做，有的人能够成就一番事业，有的人却一事无成。除了机遇不同外，有的人勤奋，有的人懒惰。但是有些人虽然勤奋，却注意力不集中，今天想学一门外语，还没开好一个头，明天注意力又转移到政治理论上了。漫不经心是人最大的弊病，它使得人蹉跎一生，无以成就。而克服漫不经心，就必然得有一定的意志力来约束自己，让自己一次只完成一件事。

有自制力才能控制别人。有一次，我的一个朋友和办公大楼的管理员发生了一场误会，这场误会导致了他们两人彼此憎恨，甚至演变成激烈的敌对态势。这位管理员为了显示他对我朋友的不悦，在一次整栋大楼只剩我朋友一个人时，他就立即把整栋大楼的电灯全关掉。这种情形发生了几次，我的这位朋友决定进行反击。

周末下午，机会来了。我的朋友刚在桌前坐下，电灯灭了。我朋友跳了起来，奔到楼下锅炉房。管理员正若无其事地边吹口哨边铲煤添煤。我的这位朋友破口大骂，一口气骂了六七分钟，最后实在找不到什么骂人的词句了，只好放慢了速度。这时候，管理员站直身体，转过头来，脸上露出开朗的微笑，他以一种充满镇静与自制力的柔和声调说道："呀，你今天晚上有点儿激动吧？"

你完全可以想象我的这位朋友是一种什么感觉，面前的这个人是一位文盲，有这样那样的缺点，但他却在这场战斗中打败了我的朋友这样一位高层管理人员。况且这场战斗的场合以及武器都是自己挑选的。

我的这位朋友非常沮丧，甚至恨这位管理员恨得咬牙切齿，但是没用。回到办公室后，他好好反省了一下，觉得唯一的办法就是向那人道歉。

这位朋友又回到锅炉房。那位管理员吃惊了："你有什么事？"

我的这位朋友说："我来向你道歉，不管怎么说，我不该开口骂你。"

这话显然起了作用，那位管理员不好意思起来："不用向我道歉，刚才并没人听见你讲的话，况且我这么做，只是泄泄私愤，对你这个人，我并无恶感。"

你听，他居然说出对我的这位朋友并无恶感这样的话来。我的朋友非常感动，两人就那么站着，又一口气聊了一个多小时。

从那以后，两人居然成了好朋友。我的朋友也从此下定决心，以后不管发生什么事，绝不再失去自制。因为一旦失去自制，另一个人——不管是一名目不识丁的管理员还是一名有教养的人——都能轻易地将他打败。

自制才有可能成功。自制不仅仅是人的一种美德，在一个人成就事业的过程中，自制也可助其一臂之力。

有所得必有所失，这是定律。因此说，你要想取得并非唾手可得的成功,就必须付出自己的努力,自制可以说是努力的同义语。

自制，就要克服欲望。人有七情六欲，乃人之常情，但人也有些想法超出了自身条件所许可的范围。食色美味，高屋亮堂，凡人即所想得，但得之有度，远景之事，不可操之过急，欲速则不达也，故必要控制自己，否则，举自身全力，力竭精衰，事不能成，耗费枉然。又有些奢华之事，如着华衣，娱耳目，实乃人生之琐事，但又非凡人所能自克，沉溺其中而不能自拔，就不是力竭精衰的小事了。人必然会颓废不振，空耗一生。

有人说了，一个人要想在事业上取得成功，务必戒奢克俭，节制欲望，只有有所弃，才能有所得。

自制不仅仅是在物质上克制欲望，对于一个要想取得成功的人来说，精神上的自制力也是重要的。衣食住行毕竟是身外之物，不少人都能成功，甚至是尽善尽美地克制；但精神上的、意志力上的自制却并非人人都能做到。

如果你今天计划做某件事，但早上起床后，因昨晚休息得太晚而困倦，你是否义无反顾地披衣下床？

如果你要远行，但身体乏力，你是否要停止旅行的计划？

如果你正在做的一件事遇到了极大的、难以克服的困难，你是继续做呢，还是停下来等等看？

对诸如此类的问题，若在纸面上回答，答案一目了然，但放在现实中，以你身在其中，自己去考问自己，恐怕也就不会回答得太利索了。眼见的事实是，有那么多的人在生活、工作中遇到了难题，都被打趴下了。他们不是不会简单地回答这些问题，而是思想上的自制力难以控制自己。

因此，又有人说了，人最难战胜的是自己。这话是说，一个人成功的最大障碍不是来自外界，而是自身，除了力所不能及的事情做不好之外，自身能做的事不做或做不好，那就是自身的问题，是自制力的问题。

长话短说，一个成功的人，其自制力表现在：大家都做，但情理上不能做的事，他自制而不去做；大家都不做，但情理上应做的事，他强制自己去做。做与不做，克制与强制，超乎常人性情之外，就是取得成功的因素。

控制情绪，减少其负面作用

人类是有情感的动物，懂得控制情感是人类与其他动物的区别，同时也是人类的优点和聪明所在。善于控制情感的人，在人际交往中则更胜一筹。

人生不如意事十之八九，谁都会有不顺心的时候，这也是人类生存过程中无法避免的情形。人生在世不可能事事皆顺，即使你不想招惹他人，但大家毕竟是生存在同一价值链上的角色，难免有擦枪走火的时候，又如何能够避免火冒三丈的情绪不爆发呢？所以，我们必须要对人生的不如意有深刻的体认，那就是不如意的事情天天都有，没有一天例外，只是大小不同而已！

我极为不赞成过度压抑不满的情绪，因为这种做法会使不良情绪郁积在体内成为毒气，侵蚀我们的组织器官，对健康有百害而无一利。更糟糕的是，一旦积怨爆发出来，所产生的杀伤力往往会令人吃惊。

有的人平常看起来木讷寡言，非常老实，但是喝了酒后整个人却变得疯狂不已，甚至因为酒后乱性而闯下了大祸，这就是潜在情绪爆发的后果。所以情绪一定要有宣泄的渠道，绝对不能长期隐藏在内心深处，即使要隐藏，也必须要经过转换的过程，千万不能硬撑。

不要像“9 · 21”大地震一样，地壳累积了太多的能量，到已经不能再忍的时候才大量释放出来，结果造成两千多人命丧黄泉的惨剧。如果偶尔出现一些小震，让地下的能量逐渐散发出来，就不会爆发可怕的大地震。人的情绪也是一样，如果表面上平静无事，但却在内心不断地累积不满，日后一旦爆发，其威力将不可收拾。

这仅仅是一个比喻而已，但人类的情绪的确如此，偶尔将它发泄出来是比较理想的做法。为了不给周围人带来不当的困扰，无端地给别人不好的脸色及难听的言辞，以下的做法可供读者参考。

适度的运动：无论如何，我们都应该培养自己爱好一两种运动，打球也好，游泳也好，跑步也好，打太极拳也好，都可以借助适度的运动将身体上的不快排出体外。更何况运动可以健体强身，增强组织器官的生命力，避免老化，对身心健康有绝对的益处。

培养兴趣：每个人多少都有自己的兴趣，有人喜欢读书，有人喜欢养宠物，有人喜欢唱歌，当你的情绪有所寄托时，许多不舒坦的感觉都会随之烟消云散。

台湾最大的半导体公司台积电董事长张忠谋最大的兴趣就是读书，当他感到情绪不佳或是被公司业务烦心时，他就会进行阅读，用书中的智慧来排解郁闷的心绪。而且，他也养成了“不可一日无书”的好习惯，每天一定要读上一本书，以满足心灵上的需求。

找知心朋友诉苦：所谓知心朋友就是趣味相投的朋友，愿意听你说出心中的不舒坦，甚至会给你中肯的建议。人是最怕孤独的动物，一旦觉得孤独，就难以维持正常的精神状态，如果有一位无话不谈的好朋友能够适时伸出援手，会让我们的情绪舒缓许多。

但千万不要随便见到一位朋友便诉苦，因为有一些人只喜欢倒垃圾，却不喜欢成为垃圾桶，只愿意对你倾诉，却不愿接收你不快的信息。所以平常我们就应该对朋友多加观察，以免届时引起更大的情绪反弹。

培养反省力及自制力：人往往都是在情绪爆发之后才察觉自己过于冲动，其实在平时就应该多加了解自己的个性。如果发现自己的个性很急躁，又很容易冲动，就应该经常自我提醒，不要随意发脾气，更要学会有意识地控制自己的脾气，以其他的良性方式排解自己的情绪。

不过掌控情绪最重要的还是在于个人的修养，不要遇事就惊慌，或是不知所措，甚至怒目相向、破口大骂，而是要懂得给自己及他人一个回转的余地。有时候我们不能掌控情绪，正是因为找不到一个出口，只好任其乱发，如果我们能够预留一个空间，就可以控制自己的情绪。

能正视自己感情的人，懂得尊重和理解他人的思想。他们之所以能控制自己的感情，是因为心系众生，总不忘他人和自己共同进行着的事业。他们的私心和情感，永远从属于集体的大感情。

人生最大的难题是什么？我们最难以割舍却又永远说不清道不明的是什么？我们最想拥有却又经常避而远之的是什么？是感情。

人类同其他动物最大的区别，也许就在于我们是一个具有丰富感情的群体。我们会哭、会笑、会撒娇、会愤怒、会忘乎所以、会痛不欲生，但却很难把握这些复杂的情绪。

我们经常碰到讨论感情的演讲会，听到听众对感情方面的询问和演讲者的答复。那时你也许会恍然大悟，原来有许多人惧怕自己的感情。那种惧怕是一种令人不快的担心，令人不安的内心动摇，攸关生死的痛苦错乱。每个人都希望远离疑惧、悲哀，不再心惊肉跳、哭泣，也不再体验愤怒、后悔，渴望拥有开朗、平静的心情。谁都不愿意某天早晨一觉醒来，内心有一股莫名的悲伤和令人不安的预感；谁都不愿意在某个夜晚，内心感受到莫名其妙的乡愁而备受煎熬；或因为某些不幸的消息，而陷入忧伤，如朋友去世的悲哀是难以忍受的，光想到死本身就令人不快。

当人们发觉自己为考试而烦恼，或为突如其来的蛮横对待而束手无策时，会深感厌烦。因无法实现某事而闷闷不乐，或为一二十年前的某件事后悔，是愚蠢而没有道理的。为了排遣这种感情的折磨，大多数的人们选择服用亢奋剂、精神安定剂，或刻意遗忘一切，假装并不放在心上。

但是，我们应该明了，情绪是人性的一部分，是认识事物不可或缺的手段之一。我们有时只看见、只感受到自己喜欢以及害怕的事物。所有的生物都是如此。海鸥因为肚子饿，所以只看见在海里游泳的鱼；母鸡因为有了小鸡，所以只注意天空中是否有可怕的老鹰；你把目光移向在水边嬉戏的儿子，是因为爱子心切；你时常感到担惊受怕，可能是因为某种不可预测的自然灾难。

人类为了各种目的制造出优良的观念性、物质性工具，但是为了使之发挥效用，赋予它理想、希望和梦想之类的驱使，是必要的，这就是感情生存的广阔土壤。

不可否认，所有人类的伟大事业都是因为有强烈的企图心和热情才得以产生。一群拥有同样体格、能力的年轻人，哪个会在运动方面成功？一般而言，企图心最强的人会成功。在拳击界可看到这样的例子：拳击冠军都来自社会的最底层、贫民区或亟须救济的地区。他们的企图心，正是内心里最强烈的思想感情。

同样，在学术界和科学界，杰出的发明也是在研究者专心埋首于自己的目标，把其他事都抛诸脑后的情况下产生的。这些学者与科学家一心想探求未知的世界，而拼命摇晃现实的栅门。结果，在某个时刻，栅门奇迹般打开了。艺术家若没有经历刻骨铭心的感动，就不会产生美术、音乐和诗。但丁和莎士比亚若惧怕内心萌发的模糊、不确定的感情，就不会写出《神曲》和四大悲剧。文艺作品是情感最真切的流露，这话真是恰如其分。

推而广之，经济、社会、政治上的大计划，也需要领导者埋首于目标，才会成功。这时候，内心的火焰会像灵感一样，给他言语、举止如何进行的指示，使他成为模范，带领那些各怀心思、野心或怨恨的人，朝相同的目标迈进。这个时候，他们的感情就是源源不断的力量源泉。

直白地说，所有能取得成功的人，都是能控制自己感情的人。他们的感情强烈而丰富，然后转化成无穷的动力，促使他们在人生的道路上不停地探索、前进，直至人生的巅峰。

能否正确面对自己的感情世界，恰是一个人能否取得成功的重要因素。

人的感情，都来自内心，发源于听得见、看得到、摸得着的每一个外部物体。即使我们呼吸着的空气，感觉到的丝微变化，甚至回想起跟现实的我们毫无瓜葛的往事，感情也会起着相应的变化。

情绪的变化，带来的是思想的改变，行为的对应。因此，千变万化、捉摸不透的感情体验，必然导致我们行为上的千差万别。

而这些丰富多彩的情绪中，或悲或喜，或苦或甜，或强烈或平静，或振奋或低沉，不是好就是坏，不是让我们情绪激昂就是让我们心灰意冷。总之，正负面的影响各占一半。不管是正面的还是负面的感情，都直接牵制着我们的思维，决定着我们的行止。可见，一个人做些什么，成功与否，实质上由我们的感情来左右着这一切。

所以，适当地控制自己的情绪，正确面对感情的变化。减少其负面作用，是我们每个人都应引起重视的。只有尽可能地把负面的影响降至最低，或将这种不利因素转化为动力，人生才可能充满希望和喜悦。

能正确面对自我丰富情感世界的人，是随时随地思路清晰、能保持冷静的人。

当一个人遇到挫折或伤痛，抑制不住的酸楚会立刻将你包围，一不小心，低沉与失落的陷阱就可能把你埋没。但能正确处理感情的人绝不会惊慌失措，他会伤心落泪，也懂得真情难得，他同别人的不同，就在于能时刻保持冷静，正确分析目前的处境。在失望与痛苦交织的同时，他仍没有忘记自己的长远使命，适时控制和转化感情的伤害。

这种人其实有着深刻的思想境界和敏锐的感知能力，他之所以能时刻保持冷静，是因为他没有对未来彻底绝望，他清楚地知道自己应该走的路。为了重振雄风，他不断寻找新的机会，纵然在巨大的伤痛、愤怒压迫之下，他依然不放过每一个重新崛起的机会。

在腥风血雨的战争年代，因为共同的理想，许多来自四面八方、抱着为民族振兴而奉献毕生精力的坚定信念的人们，大家团结一致，以消灭敌对派、建立新社会为己任。

但是，在用枪杆子打天下的时代里，敌人的力量还很强大，反对派的势力遍布各地。因而，革命受阻、意见分歧、流血牺牲的事常有发生。在很长的一段时间里，敌人的势力尤其强大，革命取得成功的日子看起来遥遥无期。可是，这一群义无反顾走到一起的人们，面对一次又一次的挫折，面对时时刻刻都在出现的伤痛、失败和情感上的折磨，却始终保持着高度的警惕和冷静。

正是这种超常的冷静，才使他们能化悲痛为力量，看到国家的前途，把正义的事业坚定不移地延续下去，最终取得了令世界瞩目的成功。

这种人，有一个特点是敢于面对自己的感情。这样的面对，不仅仅是两个人瞪眼相向或简单地把感情撇开。这是一种赤裸裸的直面、毫不回避的审视和恰如其分的转化。

他们深刻了解自己感情的起因和走向，明白自己为什么愁肠百转，忧愤填胸。他们不会粗暴地压制这种感情，也不会简单地躲开感情的波动。他们所做的一切，先是腾出一段缓冲时间，让自己的情感得以发泄、融会，从强烈、难以抑制到逐渐冷静。然后，他们静下来审视这种内心的隐秘，分析前因后果，利弊得失。最后，才是使用一定的方法，释放这种感情带来的压力，并将之转化为新的动力。

无需强求他人理解，微笑着面对生活

理解，固然是很美好的，谁不渴望被理解呢？然而，事实上受年龄、性格、职业、知识结构、品德修养、生活经历等因素的影响，人和人之间有时是很难互相理解的。于是，脆弱的人把许多精力放在“求理解”上，到处自我表白，宣扬自己，把别人不理解自己当作最大的痛苦。

似乎他的生存、他的工作、他的事业，仅仅是为了让人家知道，是做给别人看的。这道理本来是不言而喻的，就像你不是为了理解别人而工作一样，别人也不是为了理解你而生存的，这是很自然的事；过分求人理解的人，一旦被误解了，便脆弱地感叹世态炎凉呀，社会无情呀，等等，耷拉着脑袋，沮丧得很。如果你过分希望得到理解，得到他人的赞成或默认，当你未能如愿以偿时便会十分沮丧，这正是自我挫败因素之所在。同样，当寻求理解成为一种需要时，你就会产生惰性。这是将自我价值置于别人控制之下，由他人随意抬高或贬低，只有当他们决定施舍给你一定的理解之词时，你才会感到高兴。

人在生活和工作中必然会遇到反对意见，会被误解。这是体味“生活”付出的代价，是一种完全无法避免的现象。有一位叫奥齐的中年人，他是一个典型的过分地渴求理解和赞许心理的人。奥齐对于现代社会的各种重大问题，如人工流产、中东战争、水门事件、美国政治等，都有一套自己的见解。每当他的观点受到嘲讽时，他不是坚持自己的观点，而是对别人的“不理解”而痛苦不堪，甚至最后反而对自己产生了怀疑。为了使自己的每一句话和每一个行动都能被人理解，他花费了不少心思。有一次，他和岳父谈话，表示赞成无痛致死法，而当他察觉岳父不满地皱起眉头时，几乎本能地立即修正了自己的观点：“我刚才是说，一个神志清醒的人如果要求结束其生命，那么倒可以采取这种做法。”奥齐为了别人理解、赞同自己的观点，实际上不知不觉地修正了自己的观点。当奥齐注意到岳父表示同意时，才稍稍松了一口气。这样去求得理解和赞许又有什么价值可言？

要想精神愉快，就要心理独立，提高心理承受能力，能得到别人的理解，固然很好，而他人不理解或者误解了，这也无关紧要，你仍然要微笑着面对生活。

下面讲一个十分说明问题的小寓言：一只老猫见到一只小猫在追逐自己的尾巴，便问：“你为什么要追自己的尾巴呢？”小猫答：“我听说，对于一个猫来说，最为美好的便是幸福，而这个幸福就是我的尾巴。所以，我正追逐它，一旦我捉住了我的尾巴，便将得到幸福。”

老猫说：“我的孩子，我也曾考虑过宇宙间的各种问题，我也曾认为幸福就是我们的尾巴。但是，我现在已经发现，每当我追逐自己的尾巴时，它总是一躲再躲；而着手做自己的事情时，它却总是形影不离地伴随着我。”

同样的道理，如果你希望得到理解和赞许，最为有效的办法恰恰是不去渴望、不去追求，不要求每个人都理解和赞许你。只要你相信自己，并且以积极的自我形象为指南，你便可以得到许许多多的理解和赞许。当然，一个人不可能事事都得到每个人的理解和赞许，但是，如果你认识到自己的价值，在得不到理解和赞许时便不会感到沮丧，你将把反对意见视为一种自然现实，因为生活在这世界上的每一个人都有自己对世界的看法。

处事让一步为高，待人宽一分是福

佛界有一副名联：“大肚能容，容天下难容之事；开怀一笑，笑世间可笑之人。”古人还常说：“将军额上能跑马，宰相肚里可撑船”“无度不丈夫，量小非君子”，这些话无非是强调为人处事要豁达大度，要奉行宽以待人。

“如果自私的人想占你的便宜，就不要去理会他们，更不要想去报复。当你想跟他扯平的时候，你伤害自己的，比伤到敌人的更多……”这段话听起来好像是什么理想主义者所言，其实不然，这段话出现在一份由米尔瓦基警察局所发出的通告上。报复怎么会伤害你呢？伤害的地方可多了，根据《生活》杂志的报道，报复甚至会损害你的健康。“高血压患者最主要的特征就是容易愤慨，”《生活》杂志说，“愤怒不止的话，长期性的高血压和心脏病就会随之而来。”

现在你该理解耶稣所谓“爱你的仇人”，不仅是一种道德上的教诲，而且是在宣扬一种 20 世纪的医学。当他说“要原谅 70

个 7 次”的时候，他是在教我们如何避免高血压、心脏病、胃溃疡和许多其他的疾病。

当耶稣说“爱你的仇人”的时候，他也是在告诉我们怎样改善我们的外表。我想你也和我一样，认得一些女人，她们的脸因为怨恨而有皱纹，因为悔恨而变了形，表情僵硬。无论怎样美容，对她们容貌的改善，也比不上让她们内心充满了宽容、温柔和爱所能改善的一半。

莎士比亚是一个善于宽以待人的人，他说：“不要因为你的敌人而燃起一把怒火，炽热得烧伤你自己，广览古今中外，大凡胸怀大志，目光高远的仁人志士，无不大度为怀，置区区小利于不顾，相反，鼠肚鸡肠，竞小争微，片言只语也耿耿于怀的人，没有一个成就了大事业，没有一个是有出息的人。”

哲学家汉纳克·阿里德指出，堵住痛苦的回忆的激流的唯一办法就是宽恕。1983 年 12 月的一天，教皇保罗二世宽恕了刺杀他的凶手 M.A. 阿格卡。但对普通的人来说，宽恕别人则不是一件容易的事情。一般人看来，宽恕伤害者几乎不合自然法规，我们的是非观告诉我们，人们必须承担他所做的事情的后果。但是宽恕则能带来治疗内心创伤的奇迹，以致使朋友之间去掉旧隙，相互谅解。

丽兹是加利福尼亚大学的一名副教授。她是一个很称职的教师，她的系主任答应替她向教务长请求提升她。然而，在他向教务长提交的报告中却严厉地批评了丽兹的工作，以致教务长对她说：“走吧，你只好另谋职业去了。”

丽兹恨透了系主任对她的诋毁，但她还要从他那里得到一纸推荐书，以便另寻职业。当系主任对她说：“很抱歉，尽管我在教务长面前为你说了许多好话，但仍然不能使教务长提升你。”她假装相信他的话，但她无法忍受这口怨气。一天，她将这口怨气直接和这位系主任吐露了。而他却断然否认了这件事。这使她看出他是多么可怜多么卑微的人，于是她感到不值得和他生气，并最后决定把这桩事情抛在一边。

凯西是一个16岁的少女，她出生后就被她的生身父母遗弃了，对此她十分愤恨。她不明白为什么她就不值得她的母亲自己来抚养。后来她才发现，她的生身父母很穷，并且生她时还未结婚。后来，凯西的一位朋友怀孕了，在担惊受怕的情形下，把她的婴儿送给了别人抚养。凯西分担了她朋友的忧虑，并且意识到在这种环境下这样做是最好不过的办法。这使她逐渐认识到她自己的母亲那样做也是对的——她自己没有能力抚养孩子。她把自己的孩子送给别人抚养，是因为她太爱孩子了。凯西对自己母亲的新看法促使她的怨恨逐渐减少，并最终谅解了自己的生身父母。从此她更看重自己那富有生命力的、有价值的人生了。

有人说，宽恕是软弱的表现，我不同意这种说法。冤冤相报抚平不了心中的伤痕，它只能将伤害者和被伤害者捆绑在无休止的争吵战车上。印度的甘地说得好，倘若我们大家都把“以眼还眼”式的正义作为生活准则，那么全世界的人恐怕就要都变成瞎子了。第二次世界大战后，科学家雷侯德·列布赫也说过这样一句格言：“我们最终必须与我们的仇敌和解，以免我们双方都死于仇恨的恶性循环之中。”

宽恕是消除内部矛盾的有效方法；对志趣相投的群体来说，唯有不断地宽恕，才能取得事业上的共同成功；宽恕是坚韧的象征，而不是软弱的表现，它需要我们拿出勇气正视自己的心灵创伤。只有自尊才能做到这一点；宽恕本身就是一个小小的奇迹。通过宽恕别人，同时又能相互宽恕，建立起人类间最亲密的关系。这是又一个奇迹。

哲人说，宽容和忍让的痛苦，能换来甜蜜的结果。这话千真万确。中国古代有个叫陈嚣的人，与一个叫纪伯的人做邻居。有一天夜里，纪伯偷偷地把陈嚣家的篱笆拔起来，往后挪了挪。这件事被陈嚣发现后，心想，你不就是想扩大点地盘吗？我满足你，他等纪伯走后，又把篱笆往后挪了一丈。天亮后，纪伯发现自家的地又宽出了许多，知道是陈嚣在让他，他心中很惭愧，主动找上陈家，把多侵占的地统统归还给了陈家。

宽容是一种博大而深邃的胸怀，是人类的最高美德之一。宽容主要是指对于不同的生活方式、不同的价值观、不同的思想、不同的言论、不同的宗教信仰等的理解和尊重，采取兼容并包的态度，不把自己认为“是”或“非”的东西强加给别人。我们可以不同意别人的所想所为，但我们应当尊重别人的选择，给别人以自由思想和生活的权利。

《呻吟语》中说：“目不容一尘，齿不空一芥，非我固有也。如何灵台内许多荆榛却自容得？”

《菜根谭》里也有一句话，叫：“处事让一步为高，退步即进步的根本；待人宽一分是福，利人实利己的根基。”

唐朝人娄师德性格稳重，很有度量。他的弟弟当上了代州刺史，临行之时，娄师德对弟弟说：“我辅助宰相，你现在又管理一个州，受皇上的宠幸太多了。这正是别人所妒忌的，你打算怎样对待这些人的妒忌以求自免灾祸呢？”娄师德的弟弟跪在地上，对哥哥说：“从今以后，即使有人朝我脸上吐唾沫，我自己擦去唾沫，决不叫你为我担忧。”娄师德说：“这正是我所担忧的。人家向你吐唾沫，是对你恼怒，如果你将唾沫擦去，那不是违反了吐唾沫人的意愿吗？别人会因此而增加他的愤怒。不擦去唾沫，让它自己干了，应当笑着去接受它。”

这可以说是宽以待人的极致了。当有人侮辱你时，能躲开就躲开，躲不开不妨忍下这口气。荀子认为：“君子贤而能容罢，知而能容愚，博而能容浅，粹而能容杂。”在生活中，我们随时都会遇到一些人说了对不起自己的话或做了对不起自己的事，当别人对不起我们时，我们应当怎么办呢，是针锋相对，以怨报怨呢？或是以宽容为怀，原谅别人呢？应当宽容之，理解之，原谅之，并以实际行动感化之。

孔子在《论语·洋货篇》中指出，做人应力求做到“恭、宽、信、敏、惠”五字。因为“恭则不侮，宽则得众，信则人任焉，敏则有功，惠则足以使人”。大千世界，凡是有人群的地方，就难免有矛盾，有钩心斗角，各种利害冲突使人不可能不发生摩擦。有君子，就有小人；有温情，就有冷漠。中国人历来强调以和为贵，从不欣赏损人利己，踩着别人肩膀往上爬。如何与人和睦共处，是中国传统文化一直关注的问题。所以中国人强调不多舌、不多事、不结怨、忍者安。

总之，对于个人而言，宽容无疑会带来良好的人际关系，自己也能生活得轻松、愉快，对于一个团体而言，宽容必定会营造一种和谐的气氛，利己利人。因此，宽容即是建立良好人际关系的一大法宝，也是为人上司的一个重要法则。

学会了控制情绪，即学会了控制自己

忍耐绝不是一味地退让，毫无代价地忍受。相反，忍耐是为了在忍让中抓住新的机会，闭门思过，寻找适合自己不断进步的途径。忍耐是以退为进，是为了求得更大的成功。

对于忍耐，恐怕百人百口，每个人都会有不同的看法。说到忍耐，人们首先想到的可能是默默无闻、埋头劳作的老黄牛，可能是百无聊赖、失去斗志的垂暮老人，也可能是个性懦弱、游手好闲的小青年。

而有一部分人，从来没有考虑过关于耐性的问题。或者说，认为耐性无关紧要。

有些人认为有没有耐性是天生的，就像眼睛的颜色、鼻子的长短一样。有些人以丈夫或妻子的缺乏耐性为傲，说："他（她）一秒钟也静不下来，无法忍受和别人长时间闲聊。"好像脾气暴躁是高度智力或具有个性的证明。但是，事实恰恰相反，忍耐是一种美德。同时必须强调，忍耐绝对不是天生的。忍耐是学习而来的，并且能以坚强的意志力培养和提高。

涉世初期的幼儿不知忍耐，肚子饿了就哭，看不到妈妈也哭。天真活泼的少年不懂得忍耐，在学校被拘束几个小时就觉得焦躁。但是，无论是幼儿或是少年，如果想要学好某种技能或专业知识——足球也好，钓鱼也罢，就必须抑制自己浮动的心。首先必须学会专注，静待时机到来，一旦时机来临——不是时机来临前的一瞬，也不是来临后的一瞬，而是在时机来临当时就必须迅速把握机会。为了让这个动作完美无瑕，必须耐心重复练习数百遍，温故而知新。

有许多人把忍耐和怠惰、不关心、懒散混为一谈。后三者都是缺乏生命力的精神状态，而忍耐是一种控制生命力的能力，而且是毫不混乱地把生命力诱导到目的地的能力。在人生面临困难的时刻，我们必须倾尽全力、不屈不挠地追求目标。

显而易见，对于每个人来说，忍耐是人生必须掌握的一门课程。许多人貌似强大，才干出众，可是最终却无法取得重大的成就，甚至平平淡淡过了几十年，就是因为他们缺乏忍耐精神。

忍耐并非人人都能拥有。年轻人更多的是冲动、易怒和不顾一切。不论在什么时候，他们急于证明自己比别人高出一头，迫不及待地想要打败对手，为自己的人生增添光彩的一笔。

相较之下，让怒火爆发、随心所欲地毁坏门窗是何等容易呀！

尤其困难的是，必须一而再、再而三地忍受挫败和失落，而且每次挫败都必须从头开始、重新整队，找出新的策略与同盟。当我们必须面对竞争、交易、生病、恋爱等重大的考验时，真正的困难在于必须日复一日地忍耐近乎残酷的不确定性。这时候，忍耐就是勇气的别名。没有超人的勇气，就不会有忍耐精神。

勇气是着手去做的能力，忍耐则是再度挑战的能力，因为每天早上、每小时、每分钟都必须重新面对不确定的状况。为了能够坚持到底，必须不断重复这种状况。

我们只待在家里，就可以不必忍耐。换言之，可以像幼儿般在父母的保护下行动。就业之后，便开始面临考验，这时候，他会惊讶地发现即使言谈举止有不妥之处，也没有人为你纠正，但你却必须为自己的一切错误付出代价和承受意想不到的损失。

可以说，从这时起，他在工作上所有的成长，便由观察、研究和理解他人的态度来决定。这里所说的“他人”，是指同事、上司或顾客。因此，陈述自己的主张时，他必须自我克制、慎重而有耐性。只有这样，这些人才会长久地站在他身边。

反之，缺乏耐性而焦躁的人经常给周遭的人带来迷惑与困难，最后，所有人都将成为他的敌人。回家一看家里没有收拾好就大发雷霆的父亲、动不动就斥责秘书的主管、任意驱使部下的经理，都是典型的例子。这些人把没有耐性、焦躁当作蛮横的工具，使别人的生活与工作受到极大的干扰，还可能无缘由地受到伤害。

如果想要成功，就不能让自己如此浮躁。例如，受顾客注目的店员必须要有耐性，并随时保持微笑。经营者若想赢得部下的向心力，并激发出真正的干劲，就必须倾听他们的意见，不断沟通、说明，并且告诉他们之所以这么做的根据。商场如战场，和部队的指挥官一样，必须全力以赴，尽一切努力。因此，他必须拥有超强的忍耐力。

当然，任何的领域都需要耐性，有忍耐力的人，就有了战无不胜的资本。即便在追求高速度的体力劳动的工厂，耐性对每一个人来说同样十分重要。

耐性的涵盖很广，若非经过长久的努力和有意识的锻炼，你很难领悟什么才是真正的耐性，即忍耐的风格。

忍耐首先是对自己浮躁情绪的一种控制。学会了控制情绪，即学会了控制自己，做自己的主人。

每个人都具有与生俱来的不同个性，性情或温和或暴躁，或沉稳或直爽。这就造成了每个人在面对同一事件时千差万别的反应，尤其是对突然的变故、意外的打击或激烈的冲突，人们的表现就更为不同。有的人可以泰然处之，不慌不忙，把悲伤和喜悦埋在心里而很少形于言表；有的人则勃然变色、惊慌失措，或者气急败坏，做出令人意料不到的举动。第一种人是能控制自己情绪的人，他们已经学会了忍耐。

忍耐其次应该是一种顾全大局的品质。这种人不会在小事上同别人斤斤计较，在事关原则的关键场合，他们也会尽量求得事情的和平处理。

他们善于从他人的角度来面对纷争，具有理解别人、得饶人处且饶人的胸襟和气度。他们不会只考虑自己的尊严和毫无意义的虚荣，不会只站在自身的立场考虑问题，而是着眼于大局，为了求得长远的发展和融洽的人际关系而暂时隐忍自己受到的不公平待遇。他们不是软弱，而是大智若愚，是大公无私。

忍耐还应该是高尚人格的一种体现。懂得忍耐的人，同样具有其他人格中最崇高、最圣洁的部分，是值得我们敬仰和信赖的人。

是的，忍耐的人绝对是值得我们仿效的人。但是，这个模仿、学习，应该是个怎样的过程呢？有的人也认识到忍耐的好处，也准备让自己学会忍耐，可是，一遇到突发的事件，却立刻又方寸大乱，不是不顾一切同对方争执，就是忍不住出口成“脏”，破口大骂，或热血沸腾地要同人家动手。

因此，完全可以说，学会忍耐，并不是仅有想法就够了，还要经过长期坚持不懈的培养和千百次的实践再实践。

第一步是在充分理解忍耐的诸多必要性的基础上，多接近有耐性、涵养好的人。他们的魅力，需要时间才能有所体会，用以启发自己；他们的长处，是日积月累的人格精华，自然也需要我们天长日久地学习。

只有同他们多接近，融入他们的思想和行为，接触他们的日常生活，才能使自己全身心投入，经过一定的磨炼及他们的引导、指教、帮助，达到学会忍耐的目标。

第二步是坚持下去的毅力。对于这一点，脾气暴躁的人做起来尤其不易。虽然他们希望自己更有耐性，因为性子太急带来的损失和挫折曾让他们刻骨铭心，所以也在努力改变自己的脾气性格。不过，一碰到别人的刁难和指责，他们往往压制不住自己的怒火。发作起来，便什么都抛之脑后。

俗话说，“江山易改，本性难移”。一个人要想改变自己一贯的品行和个性，的确不易。不具有过人的毅力、时刻牢记自己的初衷，是很难培养出耐性的。

最好的例子是春秋时的越王勾践。越国被吴国战败后，勾践作为一国之君，他忍辱负重，卧薪尝胆，在常人想象不到的困苦中暗觅复兴越国的机会。最终，他带领军队灭了吴国，杀死了不可一世的吴王夫差，报了当初的一箭之仇。

可想而知，作为曾经辉煌四海的君王，没有过人的毅力，没有坚不可摧的耐性，如何能取得这样名垂千古的业绩。换了另一个人，不是在碌碌无为中潦倒一生，就是在忧愤难平中结束自己的生命。

如果你拒绝了失败，实际上你也就拒绝了成功

一个人要想干成一番事业，不但会遭遇挫折，而且还会遭遇困难和艰辛。

困难只能吓住那些性格软弱的人。对于真正坚强的人来说，任何困难都难以迫使他就范。相反，困难越多，对手越强，他们就越感到拼搏有味道。黑格尔说："人格的伟大和刚强只有借矛盾对立的伟大和刚强才能衡量出来。"

在一般情况下，有的人是不怕困难的；但若碰到太多的困难，感到"对手"太强大了，则往往被慑服。其实，在自然界和社会历史的限定下，人生的主宰就是人自己。失足者也好，残疾者也好，失恋者也好，落榜者也好，只要自强不息，均可挖掘出生活的甘泉。多少人硬是过不了难关，因为他们首先过不了自己这一关。他们怕自己，怕病、怕死、怕舆论，怕苦、怕累、怕吃亏，加上懒惰、急躁、拖拉、推诿等内在的弱点和外在的困境难关，首先要过好自己这一关。拿出你的勇气来，不怕天，不怕地，不管什么困难，"来吧，咱们较量一番"！有了这种不怕困难的勇气，就有了征服困难的精神力量。

在困难面前能否有迎难而上的勇气有赖于和困难拼搏的心理准备，也有赖于依靠自己的力量克服困难的坚强决心。许多人在困境中之所以变得沮丧，是因为他们原先并没有与困难作战的心理准备，当进展受挫、陷入困境时便张皇失措，或怨天尤人，或到处求援，或借酒消愁。这些做法只能瓦解自己的意志和毅力，客观上是帮助困难打倒自己。他们既然不打算依靠自己的力量去克服困难，结果，一切可以征服的困难的可行计划便都被停止执

行，本来能够克服的困难不愿竭尽自己的全力，当攻不动困难时，便心安理得地寻找理由："不是我不努力，而是困难太大了。"这种"天亡我，非战之罪也"的归因所保护下来的不是征服困难的勇气和决心，而是懦弱和灰心。不言而喻，这种人永远也找不到克服困难的方法。

真正坚强的人，不但在碰到困难时不害怕困难，而且在没有碰到困难时，还积极主动地寻找困难，这是具有更强的成就欲的人，是希望冒险的开拓者，他们更有希望获得成功。

阿拉伯民间故事集《一千零一夜》里，有一个勇敢的航海家辛伯达，他每次总是去寻求那种与大自然抗争、与海盗搏斗的惊险航行，而恰恰是这些经历使他应付危机的能力大大增强，使他一次次大难不死，安全抵达目的地。在生活和事业中，千千万万的强者，不正是从克服他们自己找来的困难中，取得了一个又一个引人注目的成就吗？

坚强地对待失败和鲁莽地对待失败是有区别的。坚强的人一方面不怕困难，另一方面他们又高度重视困难，冷静地、深刻地研究和解剖困难，分析它的原因，理智地寻找征服它的途径。这种明智的态度可以大大地提高克服困难的能力。有一种人面对困难，虽然是具有勇气，但只是莽撞行事，横冲直撞，看起来很坚强，实际上不但无济于事，有时还会导致进一步失败，最终造成无可挽回的局面，这是不可取的。

只要我们不怕困难，困难就会成为磨炼我们坚强性格的一块磨刀石。中国有句老话："艰难困苦，玉汝于成。"困难的环境，最能磨炼人的素质，增强人的才干，对人的性格有着特殊的锻炼价值。对于困难我们不必害怕也不必回避，而应以积极的态度迎难而上，在征服困难的过程中，把我们锻炼得更加坚强。

坚强的性格是成就大事业的基础。坚强的性格，首先表现在不怕挫折和失败，能够经受数十、数百乃至成千上万次挫折和失败的打击，而能矢志不渝、不屈不挠。强者和弱者的区别，很大程度就是表现在对待失败的态度上。世界上的事情往往是这样：事业未成，先尝苦果。壮志未酬，先遭失败。而且，失败常常专跟强者作对。原因很简单：低的目标容易达到，弱者胸无大志，目标平庸，几乎不经过什么失败就能如愿以偿。而越高的目标难度就越大，失败的机会也自然就越多。有的人渴望成为强者，但却经受不住失败的打击，他们经过一阵子的奋斗，遭到一次乃至几次失败后，便偃旗息鼓、罢手不干了，因而最终只能和一事无成的弱者为伍。

有人认为：经受住数十、数百次失败的打击而精神不垮，大概需要钢筋铁骨般的坚强意志，一般人是难以做到的。实际上未必如此。坚强的毅力并不单纯来自忍受，而首先是来自明智和豁达。忍受失败的毅力，主要来源于对失败的科学认识和正确评价。强者认识到没有失败就不会有成功，失败里面就包含着成功。他们把开拓新路中遭遇到的失败看作理所当然的事，有着足够的精神准备。他们也认识到一次失败即是一次经验的积累，因而能在失败中看到成功的因素。被失败所吓倒的人，与其说是害怕失败，不如说是对失败缺乏正确的认识。许多人把失败看作一种不幸和灾难，在事情刚开始之时，就抱有“只许成功不许失败”的想法，这不仅“兵家”，做什么事都会存在或胜或败两种可能性。在行动前只做成功的打算，不做失败的准备，这只会削弱对失败的心理承受力，从而在失败面前变得十分脆弱。

许多人往往不能认识到表面上的失败从长远看很可能是有益的，在他们看来，要么失败，要么成功。而事实上，事情的结局并不能作“要么成功，要么失败”的简单划分，介于“失败”和“成功”之间的情况是无穷无尽的，在“我失败了三次”和“我是个失败者”之间有天壤之别。而且，心理上的失败也不等于实际上的失败。有时候，心理上感到失败了，而实际上他正在前进过程之中。而一个人只要心理上不屈服，他就没有真正失败。功亏一篑，亏就亏在心理的失败上。如果你在失败时，仍能表现得像一个胜利者，信心十足，充满干劲，那情况会大不一样。别人认为，你的失败是环境所致，你是一个失败的强者，你会继续干下去，直到取得胜利。由此可见，在复杂的生活现象中，失败者和成功者这几个词很难恰当地用在一个复杂的、活生生的、总是变的人身上，它们只能描述某个特定时间、特定地点的情况。此时的成功可能连着彼时的失败，这项工作的失败也许正蕴含着另项工作的成功。对事情只作“成功”和“失败”的机械划分，这是十分有害的。

爱出风头的人，错误地认为荣誉不能和失败连在一起，似乎承认了失败，就玷污了荣誉，一遭到失败，就感到丢了面子。因此，在失败面前，他们或者一蹶不振，或者采取不承认主义，硬撑面子，或者怨天尤人，责天怪地。这种人看起来十分要强，实际上不堪一击，是不折不扣的弱者。生活中，曾经有不少具有宏图大志的人，就因为一次失败，而把以前所有的胜利一笔勾销，彻底垮了下去。有一位大学生各门功课皆优，只因一次歌咏比赛中“砸”了，竟觉得无地自容，留下了一封对谁也没有责备的遗书，告别了人间。无疑，他想在各方面成为“强者”，但是却经不住一次“打击”，因而实际上成了十分软弱的人。古人早就说过：“能胜者能不胜者谓之勇。”不仅能够安于胜利和成功，对待挫折和失败也能安然处之，才是真正富有理性的勇士。鲁迅当年曾经感叹中国少有失败的英雄，少有敢单身鏖战的武人。只有不怕失败的人，才是真正的英雄。

许多人在看到强者的成功时，羡慕不已，嚷嚷着要敢于冒风险，却对自己行动中哪怕是微不足道的一点失败都沮丧不已，这绝算不上“大丈夫”的行为。想要成就大事业，就不要害怕和失败打交道。一位立志改革的人说：“如果我不会出错，那么我就不是在探索。”美国有一家鼓励创新的企业，鼓励创新的内容之一就是“允许失败”。这家企业的负责人说：“只要你不心甘情愿地接受错误，你就不能创新。如果你拒绝了失败，实际上你也就拒绝了成功。”这里所包含的，就是胜和败的辩证法。

还有人之所以害怕失败，是因为不懂得到底怎样才能“吃一堑，长一智”。失败，除了给他带来沮丧以外，没有给他带来任何东西，因而他自然而然把失败看成可怕而又糟糕的事。失败从不会让人高兴，但一旦你学会利用它，它就会为你做出积极的贡献。比起重复过去的成功来，失败是个更好的老师。重复过去的成功不见得使你学到新东西，而失败肯定能给你以新的教益。你可以从一个组织得一团糟的聚会中学会怎样组织一个成功的聚会，你也可以从一系列失败的方案中理出比较可行、比较成功的方案。总之，只要你动脑筋解剖失败，从失败中挖掘教益，你就能更快地从失败中走出来。

如果我们对失败有了正确的认识，而且对失败采取了正确的态度，那么，我们就不会被失败打倒，屡经失败而不悔的坚强毅力也就自然产生了。

那么，应该怎样面对失败呢?

（1）避免说“失败”这个词语

成就卓著的人很少使用“失败”二字，这个词使人压抑，听起来似乎意味着一个人的末日来临。他们更喜欢用“过失”“弄糟”或“不良结果”等词汇来表达遇到失败。

（2）别为自己挂上“失败者”的标签

失败不仅是结果，它还是态度。当事情办糟的时候，不要本能地为自己挂上“失败者”的标签。你怎样描述自己，你很可能就会变成那个样子。反复多次地自称失败者，不仅意味着将成功无望，而且还会限制自己的潜能。

（3）事先拟定防止失败的计划

帮助自己拟定一个防止失败的计划，经常自问：“如果这事发生，最坏的后果将怎样？”假想失败能促使你明确地考虑实际选择。你有足够的条件和能力确保你度过那段时光吗？如果你的单位向你发来一份解雇通知，你有能力另起炉灶吗？记住：汉字的“危机”就包括“危险”和“机会”两种含义。

扩大自己的支持系统十分重要。失败后的解决办法就是依靠家庭和亲友，要善于从他们那里寻求帮助。

（4）学会理智地面对失败

一位名叫杰克·马特森的美国教授开设了一门课程，学生们戏谑为“失败 101”。马特森让他的学生设计无人购买的商品模型。于是，学生们设计为仓鼠做的热水浴缸和在飓风中飞行的风筝。

这些设想都十分荒唐可笑，注定不会成功。但有几位学生将挫折视为革新而非失败，在心理上一点儿没有失败的顾虑，他们倒觉得可以自由自在地大胆设想制作。由于大多数学生要经过 5 次失败后才能找到适当的工作，因此他们认识到决不能将失败视为最后的定局。马特森说：“他们学着重新装弹，做好再次射击的各种准备。”

学生们还发现了失败的两种方式，连续不断地试验多种设想被马特森称之为“迟钝、愚笨的失败”。试验的过程十分冗长，使人感到困乏，继而放弃之。“明快理智的失败”指的是构思数种设想，然后迅速齐射。“失败是勘测筹划未知领域的自然形式，”马特森说，“所以，应把你每次试验的内容压缩得尽量小一些。”

（5）永不服输

有一位青年企业家经营的建筑公司业务很不景气，企业处于濒临倒闭的状况。他当时才 25 岁，他不愿意宣告破产，于是向家人借了一些钱处理善后事宜。后来，他又继续献身建筑业，努力学习管理的诀窍，“壮着胆子”贷了一笔款子，重新经营他的企业，为了使自己再遇到困难时能顺利渡过难关，他还和数家银行建立了良好的信用。

这个企业家谨慎地扩大自己新公司的业务，他甚至还参加了大学商业管理等课程的学习。1988 年，他终于获得成功。即使如此，他也从不自我满足，他时常用过去的窘境激励自己，他说：“对于所取得的成绩，我不敢有丝毫的自我满足，我总是努力改进我的业务，使它百尺竿头，更上一层。”

正是由于怀有这种态度，并经过失败的磨砺，他才使自己在后来的岁月中保持了长足发展。如果你能做到这一点，相信你也一定会成功的。

是你教会了别人怎么对待你

你感到经常受到压制，被人欺负吗？人们是怎样对待你的？你是不是三番五次被人利用和欺负？你是否觉得别人总占你的便宜或者不尊重你的人格？人们在制订计划的时候是否不征求你的意见，而觉得你会百依百顺？

韦恩·戴尔指出：“我从诉讼人和朋友们那儿最常听到的悲叹所反映的就是这些问题，他们从各种各样的角度感到自己是受害者，我的反应总是同样的：‘是你自己教给别人这样对待你的。’”

盖伊尔来找韦恩，因为她感到自己受到专横的丈夫冷酷无情的控制。她抱怨自己对丈夫的辱骂和操纵逆来顺受。她的三个孩子也没有一个对她表示尊重。她已经走投无路了。

她对韦恩讲述了她的身世。韦恩听到的是一个从小就容忍别人欺负的人的典型例子。从她性格形成的时期开始，直到结婚为止，她的行动一直受到她的极端霸道的父亲的监视。没想到她的丈夫“碰巧”也和她的父亲非常相像，因此婚姻又一次把她推入陷阱。

韦恩对盖伊尔指出，是她自己无意之中教会人们这样对待她的，这根本不是“他们的”过错。她不久就理解了，那么多年她一直是忍气吞声，实际上是自己害了自己，她的任务应当是从自己身上而不是从周围环境来寻找解决问题的方法。盖伊尔的新态度就是设法向她的丈夫及孩子们表明：她不再是任人摆布的了。她丈夫最拿手的一个伎俩就是向她发脾气，对她表示嫌弃，特别是当孩子们或者其他的成年人在场的时候。过去她不愿意当众大吵一场，因此对丈夫的挑衅总是毫无办法。现在，她要完成的第一个任务，就是理直气壮地和她的丈夫抗争，然后拂袖而去；当孩子们对她表现出不尊重的时候，她坚决地要求他们有礼貌。

在采取这种更有效的态度几个月之后，盖伊尔高兴地向韦恩汇报说：她的家庭对她的态度发生了很大的变化。盖伊尔通过切身经历了解到，的的确确是自己教会别人怎样对待自己的，三年之后的今天，她已经很少再被别人欺负、被人不尊重了。

盖伊尔还懂得了，自己解救自己的关键：用行动而不是用语言去教育人。如果你打算通过一次冗长的讨论来让人理解你不愿意再受侵犯的重要信息，那么你得到的好处将仅仅局限在你和欺负你的人之间的谈话过程中，也许你还会和欺负你的每一个人进行多次“交流”，但是必须等到你学会了有效的行动方式，否则你仍然会受到烦扰。这就证明，你的表明决心的行动胜过千百万句深思熟虑的言辞。

韦恩指出：“许多人以为，斩钉截铁地说话意味着令人不快或者蓄意冒犯。其实不然，它意味着大胆而自信地表明你的权利，或者声明你不容侵害的立场。”

托尼和售货员打交道时总是缺乏胆量，由于害怕售货员不高兴，他常常买回自己不想要的东西。他正在努力使自己变得更果断一些。一次，他去商店买鞋，看到一双自己喜欢的鞋，就告诉售货员，他要买下这一双。但是，正当售货员把鞋装进鞋盒的时候，托尼注意到其中一只的鞋面上有一道擦痕。他抑制住自己当即萌生的不去计较的念头，说道："请给我换一双，这只鞋上有擦痕。"

售货员回答道："行，先生，这就给您换一双。"这个时刻对于托尼一生来说是个转折点，他开始锻炼自己果断行事。新的处事方法的报偿远远超过了买到一双没有擦痕的鞋子。他的上司，他的妻子，以及孩子们和朋友们都感觉到，他变成了一个新的托尼：他不再是一味应承了。托尼不仅更经常地得到己所欲求的东西，而且还获得了不可估量的尊重。

下面就是一些策略，你可以运用这些策略来告诉别人如何尊敬你。

（1）尽可能多地用行动而不是用言辞做出反应

如果在家里有什么人逃避自己的责任，而你通常的反应就是抱怨几句然后自己去做，下一次就要用行动来表示。如果应当是你儿子去倒垃圾而他经常忘记，就提醒他一次。如果他置之不理，就给他一个期限。如果他无视这个期限，那么你就不动声色地把垃圾倒在他的床头。一次这样的教训，要比千言万语更能让他明白你所说的"职责"的意思。

（2）拒绝去做你最厌恶的、也未必是你的职责的事

两个星期不去打扫房间或者洗衣机，看看会发生什么情况。如果你能付得起钱，就雇个人帮你做，要么让家里其他的成员自己动手照料自己。一般来说，家里一切活儿都由你干，仅仅是说明，你已经向别人表明你会毫无怨言地干这些活。

（3）斩钉截铁地说话

即使是可能会显示有些唐突的场所，毫无拘束地对服务员、售货员、陌生人、秘书、出租车的司机说话，对蛮横无理的人以牙还牙。你必须在一段时期克服你的胆怯和习惯心理。你必须心甘情愿地迈出这第一步，记住：千里之行，始于足下。

（4）不要说那些招引别人欺负你的话

“我是无所谓的”“我可没什么能耐”，或者“我从来不懂那些法律方面的事”，诸如此类的推托之辞就像是为其他人利用你的弱点开了许可证。当服务员合计你的账单时，如果你告诉他你对计算一窍不通，那你就是暗示他，你不会挑什么“错儿”的。

（5）对盛气凌人者以牙还牙，冷静地指明他们的行为

当你碰到吹毛求疵的、好插嘴的、强词夺理的、夸夸其谈的、令人厌烦的以及其他类似的欺负人者，冷静地指明他们的行为。你可以用诸如此类的话声明：“你刚刚打断了我的话”或者“你埋怨的事永远也变不了”。这种策略是非常有效的教育方式，它告诉人们，他们的举止是不合情理的。你表现得越平静，对那些试探你的人越是直言不讳，你处于软弱可欺的地位上的时间就越少。

（6）告诉人们，你有权支配自己的时间去做自己愿意干的事

从繁忙的工作中或是热烈的场合中脱身一下是理所当然的。把你支配自己休息和娱乐的时间视为是无可非议的，这是不容他人侵犯的正当权益。

敢说“一切责任在我”

“一切责任在我！”1980 年 4 月，在营救驻伊朗的美国大使馆人质的作战计划失败后，当时的美国总统吉米·卡特立即在电视机里作了如上的声明。

在此之前，美国人对卡特的评价并不高，有人甚至评价他是“白宫历史上最差劲的总统”；但仅仅由于上面的那一句话，支持卡特的人居然骤增了 10% 以上。

做下属的最担心的就是做错事，尤其是费了九牛二虎之力后却依然闯了大祸的事，因为随之而来的便是惩罚问题，责任问题。而生活原本就是一连串的过失与错误，再仔细、再聪明的人也有阴沟里翻船的时候。可翻了自己的小船便也罢了，而一旦不小心捅漏了多人共同谋生的大船，也就真有可能弄个“吃不了兜着走”的下场。因此，没有哪个人是不害怕担责任的。

试想有一天你不幸闯了大祸，如惊弓之鸟般向上司报告之后，忧心忡忡地挨到第二天，坐到了那个如同“公审大会”的会场上“听候发落”的时候，上司竟如卡特总统般在众目睽睽之下掷地有声地来了句：“一切责任在我！”那该是何种心境？卡特总统的例子充分说明，下属及群众对一个领导者的评价，往往决定于他是否有责任感。

但事实上，要像卡特那样大难即将临头还能声明“一切责任在我”并不容易。大多数领导在处理下属乃至自己本人的失误和错事的时候，总是想提出各种理由为自己开脱，唯恐遭到连累，引火烧身。却殊不知既是他人的“上司”，那么下属犯错，即等于是自己的错，起码是犯了监督不力和委托非人的错误。何况上司的责任之一，就是教导下属如何做事。

所以懂得如何收揽人心的上司，在下属惹祸之后，首先会冷静地检讨一番自己，然后将他叫来，心平气和地分析整个事件，告诉他错在何处，最后重申他的宗旨——每一个下属做事都应该全力以赴，漫不经心、应付差事是要遭受惩罚的。当然，还要让他明白，无论如何，自己永远是他们的后卫。

那种不分青红皂白，无论下属的过错是否与自己有关都大发雷霆，不时强调“我早就告诉你要如何如何”或“我哪里管得了那么多”之类言语的上司们，不仅使下属不敢于正视问题，不再感到丝毫内疚，而且避免不了日后同这种上司大闹情绪，甚至永远不可能再拥戴他。

还有，一味埋怨下属，推卸责任的上司，也只会令更高级别的领导反感。所以说，一方面与下属一起承认错误，体现出应有的风度；另一方面，即使有其他人诸多是非，也应站在下属一边。替他挡驾的上司，是最会收揽人心，也最有人缘的上司。

当然，替下属承担责任，替罪挡驾也不应是毫无原则的。比如：一位顾客向商店老板投诉，某位售货员十分无礼，毫无责任感，请他给个公道。那么如果你是那位老板，你要做的便是立刻替下属道歉：“对不起，她平时的表现不是这样，这两天心情不太好。保证以后不再有同样的事情发生。请多多包涵。”要知道，下属做事不力，任何一个上司都是有责任的。

但责任归责任，平息了“外患”之后，事情却不能就此了结。但是把那个售货员叫来痛骂一番绝不是明智之举，而应首先问清楚事情的来龙去脉，然后了解一下她平时是否也经常遭到顾客投诉，是否一向暴躁、无礼？如果答案是否定的，那么也许是因为这位顾客太咄咄逼人，或是她真的偶尔情绪欠佳，那倒不妨提醒、安慰一下。即便想不了了之，也未尝不可。

相反，如果顾客投诉完全属实，这名售货员也的确经常得罪顾客，那么就再也不能总是替她承担责任，而不加问罪。

总之，并非只在“大祸临头”的紧急关头才能考验一个人的勇气。一个领导者是否得人心的最好证明往往会在如替下属承担责任、为下属保全面子、开脱罪过等小事上体现出来。

承认自己的失败的确让人难过，但如果缺乏这种勇气，那么更是永远难获成功。

用委婉、和气的方式来表达你的不同意见

对于许多人来说，拒绝别人是一件很难办的事。当别人对他们提出要求时，他们不好意思张口说“不”，因为这样很可能会伤害对方的感情，造成两个人的关系疏远。但是有时如果答应别人的要求自己又确实有难处，或者自己会丧失许多东西。许多人在面对这种矛盾时都十分苦恼，不知该怎样办？

其实，在自己确有难处，或者如果答应别人的要求，自己的利益会损失很大的情况下，我们就应该拒绝别人。但是拒绝别人也要考虑对方的情感，尽量做到不伤害双方的感情。因此怎样说“不”也是一门学问。

我们在拒绝别人时应该注意不使他们的面子受损。如果拒绝了别人的要求，却让他们丢了面子，那么他们心中产生不满之情是在所难免的。可是如果在拒绝别人要求时，不让对方丢面子，使别人非常体面地接受拒绝，结果可能会大不相同。

三国时期的华歆在孙权手下时，名声很大，曹操知道后，便请皇帝下诏招华歆进京。华歆起程的时候，亲朋好友千余人前来相送，赠送了他几百两黄金和礼物。华歆不想接受这些礼物，但他想如果当面谢绝肯定会使朋友们扫兴，伤害朋友之间的感情。于是他便暂时来者不拒，将礼物统统收下来，并在所收的礼物上偷偷记下送礼人的名字，以备原物奉还。

华歆设宴款待众多朋友，酒宴即将结束的时候，华歆站起来对朋友们说：“我本来不想拒绝各位的好意，却没想到收到这么多的礼物。但是，匹夫无罪，怀璧其罪。想我单车远行，有这么多贵重之物在身，诸位想想我是否有点太危险了呢？”

朋友们听出了华歆的意思，知道他不想收受礼物，又不好明说，使大家都没面子，他们内心里对华歆油然生出一种敬意，便各自取回了自己的东西。

假使华歆当面谢绝朋友们的馈赠，试想千余人，不知道要推却到什么时候，也不知要费多少口舌，搞得大家都很扫兴，使大家都非常尴尬。而华歆却只说了几句话便退还了众人的礼物，又没有伤害大家的感情，还赢得了众人的叹服，真可谓一箭三雕。华歆为什么能够成功地谢绝馈赠呢？这主要是因为华歆注意保全朋友们的面子，他在拒绝朋友时，没有坦言相告，而是找了一个对自己人身不安全的理由，虽然朋友们也知道他是在故意推辞，但不会以此为意。因为华歆委婉地拒绝他们并没有让他们丢面子，也没有令他们跌份儿。

“不”字谁都会说，但怎样说才能既不伤害对方，又不使自己为难，却不是每个人都能做得到的。王丽是个善良、腼腆的女孩，同事们都喜欢她，有事也愿意找她帮忙。有人给王丽介绍了个男朋友，约好星期天在公园见面。星期六的晚上，正当王丽为明天穿什么衣服赴约而伤脑筋时，同宿舍的小林要王丽明天陪她上街采购新房用品，这可叫王丽为难了。明天的公园会面对王丽来说，无疑是十分重要的，可小林是她很要好的朋友，朋友布置新房理应出点力，如果拒绝了小林的事，她会不会生自己的气呢？

生活中，我们每个人都会遇到像王丽这样的难题——对于别人的请求，出于理智的考虑本应拒绝，可“不”字又难说出口。有的人拒绝方式生硬，结果使多年的朋友彼此疏远了；有的人明明没法办到也不忍拒绝别人，勉为其难，无形中增加了自己的压力和心理负担，费了半天劲，事情也没办成。真是费力不讨好，还在无形中损害了自己的声誉和形象。可见，拒绝他人实在是交际中不容忽视的一个内容。这里告诉你一些巧妙而委婉的拒绝方式，帮助你摆脱困境。

以非个人的原因作借口。拒绝他人，最困难的就是在不便说出真实的原因时又找不到可信而合理的借口，那么，不妨在另外的人身上动脑筋，比如借口你的家人方面的原因。一位生活惬意的家庭主妇自称她的生活之所以能如此安宁，就是因为她能巧妙地拒绝。当一个推销员敲家门时，她的态度礼貌而坚定："我丈夫不让我在家门前买任何东西。"你瞧，我不买你的商品，不是因为我不愿意掏腰包，而是因为我那个有点古怪的丈夫。这样一来，推销员既不会因为没买他的商品而怨恨你，同时也感到再说下去也是白费口舌，只好作罢。

明确表示你很愿意满足对方的要求。当有人请求你的帮助时，在力所能及的范围内，应该尽量给予帮助。但碰上实在无能为力的事，你无法给予对方帮助时，也不要急于把"不"字说出口。不要使对方感到你丝毫没有帮助他解决困难的诚意，否则，你在别人眼中会是一个自私而缺乏同情心的人。自由保险公司的蒂姆·盖门是处理客户赔偿要求事务的，他的工作决定他要经常地拒绝客户的要求。然而，他总是对客户的要求表示同情，并解释说，从道义上讲他同意对方的要求，可自己实在是心有余而力不足。由于拒绝得法，蒂姆的工作干得很出色。同样，当别人有求于你而你又无能为力时，先别忙着拒绝他，而要耐心地倾听他的陈述，对他所处的困境表示同情，甚至可以给他提些建议，最后告诉他，你实在无法帮他，对方绝不会因此而生气，反而会被你的诚意感动。

通过诱使对方否定自己的提议来达到拒绝的目的。当别人向你提出不合理的要求时，不要简单地拒绝他，而应该让他明白他的要求是多么荒唐，从而自愿放弃它。一位业绩卓著的室内装饰专家声称，对于用户的不合实际的设想，他从不直截了当地说"不行”，而是竭力引导他们同意他希望他们做的事情。一位妇女想要用一种不合适的花布料做窗帘，这位装饰专家提议道：“我们来看看你希望窗帘布置达到什么效果。”接着，他大谈什么样的布料做窗帘才能与现代装饰达成最好的和谐，很快，那位妇女便把自己的花布料忘了。

在拒绝对方的同时，说明对方为得到其所求还应做些什么。这一点对担任领导职务的人尤其重要。比如你的属下向你提出的要求得不到你的满意答复，你不妨告诉属下努力方向，使他始终看到希望，与此相比，你的拒绝就显得微不足道了，不会挫伤他的自尊心，也不会伤害你与下属之间的感情。《成功的人际关系》一书的作者，美国的威廉·雷利博士在谈及怎样处理下属希望晋职而他本身的条件又不够的情况时，曾建议企业主管这样说：“是的，乔治，我理解你希望得到提升的心情。可是，要得到提升，你必须先使自己变得对公司更重要。现在，我们来看看对此你还要干点什么……”

用最委婉、和气的方式来表达你的不同意见。一位热情奔放的老妇人决定与年轻的女邻居交朋友，她发出邀请：“欣迪，你明天上午到我家来玩，好吗？”欣迪脸上露出温和、宽厚的笑容说：“不行啊！”她的拒绝既友好又温情，但态度又是那么坚决，老妇人只好作罢。所以，当别人的请求你无法满足，而又不能或无须找任何借口时，就用最委婉、最友善、最真诚的语言拒绝他，不留任何回旋的余地。

你会发现，学会说“不”，会使你的生活更轻松、更成功。

不给自己留退路，破釜沉舟才能全力以赴

人的一生不可能一帆风顺，失败是人生之旅的重要关卡。一个人能否事业辉煌，能够取得何等的成就，完全取决于他能越过多少关卡，战胜多少困难。成功者就是那些能像剔除荆棘一样，把失败一个个剔除的人。再怯懦的人在知道自己完全无路可退的时候，都能够立刻成为最英勇的战士。那么，一个胸怀大志之人，就不能再做犹豫，应该立即断绝所有的后路。破釜沉舟才能成为强者，如同求生一般迫切而强烈的本能将引导人走向成功。

大多数成功人士之所以成功，很大程度上是因为他们能够专心致志于他们所努力欲成就的目标上。为了实现他们的目标，他们能放弃一切与成功之路不相关的事物，眼光只锁定于目标之上。而所有梦想着三十而富的人，都比一般人更能够排除干扰，全身心地投入事业中去。

这样强烈的成功意志，对大多数人而言似乎难以具备，就好像大多数士兵不可能像楚霸王项羽那样勇猛卓绝。但是在一种情况下几乎每个人都会激励自我，全力以赴，那就是破釜沉舟，身陷绝地之时。

其实破釜沉舟的故事不仅中国有，外国也有。

恺撒大帝在尚未掌握政权以前，是一位优秀的军事将领。一次，他奉命率领舰队去征服海外的一个岛屿。他在检阅舰队出发之时才发现随船远征的军队人数少得可怜，而且武装配备也残破不堪，用这样的军力妄图去征服骁勇善战的土著人无异于以卵击石。但恺撒还是决定启程出航。舰队到达目的地之后，恺撒召集所有士兵全数下船，然后命令亲信部属一把火将所有战舰烧毁。

他向全体战士训话，明确地告诉他们：战船已经烧毁，所以大伙儿只有两种选择：一是勉强应战，如果打不过勇猛的敌人，后退无路，就只能被赶入海中喂鱼；另一条路是忽视武器和补给的不足，奋勇向前，攻下该岛，则人人皆有活命的机会。士兵们人人抱定必胜的决心，终于攻克强敌，而恺撒也因为这次成功的战役，奠下日后掌权的基础。

在与成功人士交往的过程中，人们都会发觉他们心思巧妙。虽然这些人中大多数是受过良好教育者，但像亨利·福特那样没有受过什么教育的也大有人在。而赋予他们如此心思和促使他们完成非凡成就的主要因素，与是否接受过正规的学校教育没有丝毫关系，也不是因为他们具有与众不同的智慧。很可能是其内心有着某种意念驱使他们产生强大的愿望，将人生一切环境加以过滤，只剩下能够达成信念、深具利用价值的事物，然后再加以运用的结果吧！这种理念亦即追求成功的信念。

世上并没有常胜不败的将军，遭遇拒绝、遭遇失败是人之常情。遭遇拒绝、遭遇失败的原因无非是自己还有缺陷，谁不希望得到完美的东西，而会去追求有缺陷的东西呢？当然，世上也不可能有毫无缺陷的东西，但是每个人应该尽量地完善自己，把自己完善到足以让人接受、使人认同的程度。这样即使遇到困难也能克服，遇到关卡也能越过，这样也就不至于在遇到挫折时使自己陷入困境不能自拔了。因此，要想让别人接受和赞许，想要成功就不能害怕困难和挫折，不能害怕别人的拒绝。相反，应该把拒绝当作励志之石，当成不断完善、走向成功的动力。

但是，在现实生活中并非所有的人都懂得这些道理，因此，他们在遇到困难挫折时就会采取完全不同的态度。成功者之所以被称为成功者，就在于他们不轻易给自己留退路，即使迫不得已退一步，那也只是暂时的，因为他们总希望把最后的成功当作自己最得意的东西。做事总有成功和失败，做人总有进路和退路。成功者不是没有失败，而是善于从退路中寻找进路，善于把失败变成成功；而有进路了，且成功了，却不得意扬扬。真正的得意是事业最后的成功。

不要给自己留退路一釜沉舟才能让人全力以赴。

忍人所不能忍，为人所不敢为

三国的时候，陈琳是袁绍的谋士，他非常有才华。有一次，袁绍打算进攻曹操，令陈琳写檄文。陈琳用了不到一炷香的时间就完成了三篇檄文，他把曹操骂得狗血喷头，连曹操的父亲、祖父都一同骂了。看了檄文之后，曹操气得火冒三丈，差点没休克过去。

但毕竟曹操是三国中的大腕儿，他兵多将广，那场战争的结果是袁绍兵败，陈琳被俘。曹操手下的人都劝他将陈琳的头砍了，省得他再骂人。但是曹操没有那样做，他欣赏陈琳的才华，不但没有杀他，反而抛弃前嫌，委以重任。曹操的高姿态令陈琳感动得痛哭流涕，后来，他为曹操出谋划策，立下了赫赫战功。

后来，曹操统一了中原，他的儿子当上了皇帝，完成了统一大业。如果曹操是个鼠肚鸡肠、心胸狭窄的卑鄙小人，怎么能成就那么大的事业。

周瑜也是三国时代叱咤风云的人物，然而两人的度量大相径庭。曹操有着政治家的胸怀，他广纳贤士，笼络人才；而周瑜则嫉贤妒能，最终被活活气死。

周瑜虽然聪明过人，但是却没有作为一名大将应有的度量，容不得超过自己的人。诸葛亮是何等充满智慧的人物，周瑜却总想和他一比高低。赤壁之战，周瑜损兵马、费钱粮，诸葛亮不费一兵一卒，却捞了个大获全胜，气得周瑜眼冒金星。

后来，周瑜用美人计，骗刘备去东吴成亲，被诸葛亮将计就计，最后是“赔了夫人又折兵”

后来，周瑜用“假途灭虢”之计，想谋取荆州；被孔明识破，四路兵马围攻周瑜，并写信规劝他。周瑜仰天长叹：“既生瑜，何生亮！”连叫数声而亡，可见周瑜度量之小。

“气量有多大，事业就有多大”，在摄取财富的道路上，只有胸怀宽广，目光远大，才能不沉湎在琐事上，才能不被细枝末节困扰，才能腾出精力，一心一意地发展自己的事业。

想要做大事，就要不拘小节，忍人所不能忍，为人所不敢为。

韩信年轻时很贫困，表面看来，他一无所长，家乡的人都很瞧不起他。他既不能做小吏，又不愿种地，也不会经商，身强力壮的年轻人却靠乞食生活。

他曾长期在亭长家里寄食，亭长的妻子后来很反感，就设法赶他，于是每天全家提前吃饭，等韩信赶来时人家已吃完了。他碰了几次钉子，从此就不去了。后来去河边钓鱼，又不肯用心，还是不免饿肚子。有一位在同一条河里漂洗棉絮的老太太看他可怜，就连续几十天将自己带的饭分给他吃。韩信很感激，在漂母做完工与自己分手时，韩信诚恳地对她说：“我将来一定要百倍地报答您。”漂母觉得他很不争气，愤愤答道：“你这样一个男子汉大丈夫，自己不去挣饭吃，这样没出息的人，谁指望你报答？你还是自己快找谋生之道吧。”面对如此的奚落，韩信并不气恼，没事儿似的继续做自己的事。

韩信身材高大，总是随身佩带刀剑，虽贫贱，但显得仪表不凡，威风凛凛。他好佩刀剑和出众的仪表与其志向、才能和气质有关，因内符外，他与众不同。这种社会地位和精神气质的反差最易引起小人的注意和嫉妒，于是，总有一些人无事生非，当众羞辱他。

有一天，一群无赖拦住韩信，其中一个说：“如果你有胆量不怕死，就把我杀了！如果你怕死，就从我裤裆下钻过去，否则绝不和你干休。”韩信狠狠盯着他，手不自觉地紧握着剑柄，过了许久，他松开手，趴在地下，居然从那人胯下爬了过去。为此，家乡的人更看不起他了，认为他不但无能，而且是个懦夫。

韩信并不是个懦夫，他忍受那样大的屈辱，是因为他的人生抱负太大了，没有必要小不忍而乱大谋。后来他逐鹿中原，风云际会，先后做过齐王和楚王。他与部下谈起这事时说：“难道那时我没有胆量和力量杀他吗？只是杀了他，我的一生也就完了，因为那时能够忍耐，所以我才能得到今天的地位和成就。”

做大事的人自信心极高，所以总能宽以待人。心理学研究表明：信心与胸怀总是成正比的。自信心越高，心理素质越好的人，宽容的度量也就越高。

做大事便要有做大事的气量。如果你只想做些小打小闹的生意，求个温饱的无忧，或许还不要紧；要是想有所作为，跻身于富豪之列，就要注意了，你必须把自己的胸怀培养宽大，否则，你的事业真的做不大。

俗话说：“一个人的心里能容多少事，他就能摄取到多少财富。”这句话说得一点也不错。做大事者要有容人之量，这样才会有人与你共事，为你效劳，你的事业才能不断发展壮大。

Part 2

对症下药，了解不好意思的成因

俗话常说：『人争一口气，佛争一炷香。』在这方面，中国人做得非常到位。在我们的生活中，爱面子、好面子，几乎不是什么新奇的事。很多人还会打肿脸充胖子，为的就是要面子。不过，面子这东西到底有什么用处呢？你还别说，要面子这个心理关卡，卡住了不少中国人。

随着时代的发展，目前社会越来越遵循丛林法则，适者生存，弱肉强食之下，不好意思已经成为懦弱、无能、自卑的代名词。

消灭自卑，树立自信

自卑感是指与别人比较时，由于低估自己、轻视自己而产生的一种情绪体验。自卑感的个体差异较大，它主要在年龄、职业与性别上。

自卑感容易使一个人对成才失去信心。信心对人的创造性思维与创造性想象的发挥有重要作用，而创造性思维与创造性想象的充分发挥，阻碍其成才，降低了他对社会的创造性贡献。

成功者总是从心理上确信自己存在的价值。他们的自我价值感和自我信心不是生下来就有的，而是像别的习惯形成一样，是在生活中学会喜欢自己的。那么，如何消除自卑、树立自尊呢？以下几点建议可供借鉴：

一、勇于追求成功

有这样一位女学生，踏实勤奋，准备将来从事医学研究并留学。由于她持之以恒，刻苦努力，学习成绩直线上升。然而，她的母亲在为女儿成绩提高而高兴的同时，不知不觉表现出为难的神情，担心地说："我为女儿的成绩提高而高兴，她超过了一个又一个男生，但男人不喜欢比自己强的女性，所以许多男生疏远了她。这样一来，找未婚夫就困难了；妻子聪敏，丈夫就显得愚笨——这对女性也是不幸的。"母亲的担心，使女儿对成功产生了恐惧，渐渐地不再充分表现自己的能力，希望发展自我、追求成功的自我价值因此被抵制。

"害怕成功"是女性对成功后的社会反应和失去女性特征的恐惧，其根本在于缺乏自信。每一位成功的女性，必然都经历过这样一个关键时刻，即诚实地面对自己，正确地全面地分析评价自己，包括自己的缺点、长处。女性一旦妄自菲薄，就会在竞争中完全失去其优势。只有树立起坚定的信念，不畏艰险，勇往直前，才能在实际生活中塑造自己的形象。如果只一味陷于错误观念中而不能自拔，只会削弱她们的自信和成功的勇气。

生活的经验告诉我们："当我们得到真正的成功时，世界接纳我们，把我们看作有用之材。但是当我们妄自菲薄时，成功就像登天一样难。"

二、量力而行

应该在能力、兴趣的目标方面充分了解自己。这样，一开始就会有目的地努力，以使生活向高层次的目标迈进。提高自尊，要更多地注意带有理性的行为、决策和思维，这比仅凭感情重要得多。

三、善待失败

失败的人总是记着过去的失败，忘掉过去的胜利。而且他们不仅仅是记住了失败，还把这些失败融进了思想感情，时时谴责自己。这样，他们的自尊感就逐渐消失了。

成功的人懂得，不管自己过去失败了多少次，都没有关系。重要的是记住自己的成功，加深印象，认真研究。

要增强自尊，就必须集中精力成功。把生活中的失败和不如意看作奔向目标的一个反馈。

四、学会宽容

自我尊重中很重要的一个方面就是自我接受——心甘情愿地成为自己。提高和增强自我尊重，需要我们在日常工作中发现乐趣和值得骄傲的地方，不断挖掘自己心目中的"钻石"。其次，应该努力改变内心的反作用力，这比在一个新的环境里寻找外部的动力要强得多。要不停地寻找长进的机会，具有自尊感的人也是在这个过程中才显示自己的。既然还没有发现完美的人性，我们的生活中就会有障碍和鸿沟，我们就应该学会宽容自己和别人。

在一个女模特儿的事业成功之际，朋友们为她举行了庆祝宴会。

可在宴会上，这位春风得意的小姐突然听到一个朋友正大声宣布："她现在多苗条啊！要是你们两年前看到她是什么样子，那可就妙了。"他向那些屏息静听的人们说："她现在的身材是花了整整一个夏天进行减肥才得到的。"几个人哧哧地笑了，女模特儿羞愧得无地自容。

有一对夫妇在饭店宴请客人，离开饭桌之前，丈夫为了在客人面前显示一下慷慨大方的气度，在桌上留下了20美元小费，可是他的妻子一把夺过钱，大声嚷道："这饭店的服务并不怎么好！"丈夫只好赶紧溜之大吉。

爱德华·格罗斯是华盛顿大学的社会学家。他对人们处在尴尬境地时的各种表现研究了20年，他指出："人们在公开场合被羞辱，通常并不会认为是玩笑，或者是微不足道的小事。当人的感情受到伤害时，我们中的大多数人会十分愤怒，表现得张口结舌或者满脸羞红。但是我们可以有另一种比较聪明的解决办法，保持沉默，或者设法改变你的处境。"

下面介绍几种对付不友好言论的简便策略：

一、弄清真相

伤害你的人一定有不少理由。如果你想象不出他为何出言不逊，不妨有礼貌地打听一下。

记住，有的人火气很大，但真正矛头可并不一定针对你。比如那位女招待可能真的对你并无恶意，她无礼貌的原因完全是为了前一天晚上男友把她"甩了"，或同她吵了一架……又如，那位驾车人直到冲到你面前才紧急刹车，也许并非真的要难为你，而是急着想到医院去，那儿的病床上有他的小孩……

重要的是，当你冷静地弄清真相，并真的宽大为怀时，你一定会摆脱许多无谓的烦恼，而且还会从自己的优雅态度中得到慰藉。

二、正确分析

苏泽特·哈登·埃尔金是一位研究普通人际关系的专家，他在自己的一本专著中讲了许多宝贵的意见。

其中之一是，把对方的攻击分解成若干部分，然后尽量分析：哪些部分的话已说全了，哪些部分并没说全，而没有说完部分的潜台词里，则往往包含着某些较合理的成分。注意，倘若你能对那些合理部分做出若干合理的反应，情况往往会变得好一些。

比如，一次一个病人家属冲着毫不相干的护士发了脾气，当护士分析出家属是因病人没有得到上一班护士应有的照顾时，便主动代后者做了一点解释并代她致歉，家属果然气消了而且反过来道了歉。

三、妥善处理

对于某些实在难以宽恕的侮辱，有效的策略之一是，直率而诚恳地发问："您有伤害别人的感情的任何理由吗？"或很有礼貌地说："我很想弄清楚您的意见，能解释一下吗？"在很多情况下，当对方意识到你已注意他时，他是会从你的沉着面前后退一步的。

四、使用幽默

一位对清洁十分苛求的母亲某天在女儿书房里看到了一张蜘蛛网，就怒气冲冲地说："那是什么东西呀？"女儿不动声色地说："是一项科学工程。"

使用幽默不仅能帮你很好地对付责难，而且还能帮你自我解脱。

五、发出信号

某丈夫常于公开场合使妻子难堪。后来，她老是随身带着一块小毛巾，每当他开始发作时，便把它放在头上，丈夫每每因窘而止。

有时，你发出的信号是向挑衅者表示：我已知道你不怀好意，但我不愿理睬，更不想报复。比如，有一次某人做掸去新衣上的灰尘状，别人问他在干什么，他答："有人在伤害我，不过我不在乎，拍掉点灰就是了……"有时，你对攻击做出毫无兴趣的样子，如眨眼睛、打呵欠、望远处等。你不屑一顾的态度常会使挑衅者自讨没趣，风波也就平息了。

六、学会谅解

一位著名的女作家说："人总是有缺点的，但是你要尽量往一个人的可爱之处看，慢慢你就会觉得，那些缺点也都是可原谅的。"

学会谅解要把握住两点：一是要懂得，世界上总有人想靠伤害人悦己；二是要明白，多想想那些人的难处、长处、可怜无奈处，便会消气……

乐观，才是真正的虚怀若谷

一位画家把自己的一幅佳作，送到画廊里展出，他别出心裁地放了一支笔，并附言："观赏者如果认为这画有欠佳之处，请在画上作上记号。"结果画面上标满了记号，几乎没有一处不被指责。过了几日，这位画家又画了一张同样的画拿去展出，不过这次附言与上一次不同，他请每位观赏者将他们最为欣赏的妙笔都标上记号。当他再取回画时，看到画面又被涂满了记号，原先被指责的地方，却都换上了赞美的标记。

这位画家不受他人的操纵，充满了自信。正像林润輸先生所言，他"自信而不自满，善听意见却不被其所左右，执着却不偏执"。

上面故事里的主人公，他的所作所为，反映了两种不同的思维方式、两种不同的心态和两种不同的结果。前者是失败的思维方式，自卑的心态，必然会产生可悲的结果；后者是成功的思维方式，充满自信的心态，必然会产生成功的结果。

要想达到成功目标的人，不仅能时刻预见危机，坦然面对已有的挫折，还要把这种危机与挫折当作自己新的机遇，适时调整自己，向人生发起新的冲击。

有的作家，写了一篇小说就名声大震。可是，在今后漫长的岁月中，他的名气却越来越小，关注他的人越来越少。为什么呢？因为他很满足于已有的辉煌，认为自己已经到达了文学的巅峰，在以后的创作中，他失去了创作的激情和动力，也不再有强烈的进取欲望。他所写出来的东西，越来越机械呆板，越来越平淡无奇，人们自然不会再注意他。

很多一开始小有名气的歌星、影星、企业家、专家，之所以到后来逐渐被人们遗忘，同样因为缺乏为自己“制造”危机的勇气，而使自己面临一种新的危机——使自己沦于平凡，落入保守的圈套。

在面对外界给我们带来的挫折时，采取怎样的态度来对待，是我们人生之中最大的考验。其中有一大部分人，采取回避、消沉的态度，有的人，只需一次较大的挫折，就使得他心灰意冷，对人生悲观失望，心存畏惧，从此再也不愿做任何有风险的事。这种人会因为挫折而否定自己的能力，甘心做一个平庸的人。平平安安、没有危险地过一辈子，成了他们最大的心愿。但是，他们的一生并不可能就一帆风顺。

当然，能忍受挫折的人，遇到的危机可能更多。有无数的因素，像偶然事件、运气的好坏，是我们无法控制、无能为力的。许多科学家和艺术家都是在死后才受到肯定。历史上有多少伟大的人，被远不如他们的人，以策略或阴谋所毁灭，有许多天才人物，最终被掌声和赞美拉向平庸无为的境地。

因此，人除了努力把事情做好、力求完美，也必须在内心深处保持清醒态度。我们必须了解即使用足全力也不一定成功，或许会遭遇挫折，或者别人并不认同我们的真正价值，有时甚至要预料会有哪样的结果。也就是说，不论在何种情况，我们必须预见失败的可能。

一个战士，即使是最强悍的战士，在决斗时，必须知道这可能是最后的一场决斗，自己可能会在决斗中阵亡，他必须体认到人总有一死。勇敢的斗士阿基里斯早已预见自己会在年轻的时候死去。而我们熟知的民族英雄岳飞，同样知道自己的伟业将终结在奸臣手中。

我们知道，希腊人的伟大并不在成功，而在其追求完美的精神。希伯来人的伟大在于企图实现神的意志，而把财富等视为多余。对路德而言，连救赎和天国都是多余的，因为神给不给我们救赎、要不要让我们进天国，与我们自以为拥有的长处和价值无关。所以，面对不可知的挫折，只要我们努力去做，就能找到充实的自我。

历史上有许多伟人，他们成功的道路都不是一帆风顺的。比如鲁迅先生曾立志当一名医生，当以医救国之志破灭时，毅然弃医从文，将笔作枪，写出了一篇篇战斗檄文，成为举世闻名的大文豪。值得注意的是，目标的替代不可随意而行，不要一遇到挫折就改变目标。如果发现新的目标符合实际，才可扬长避短，更换目标。

人类本性不遭到巨大的打击和刺激，是无法显露出来、不会爆发的。深藏在人体的最深层，非一般刺激能激发的这种神秘力量，一旦受了讥讽、凌辱、欺侮，便会产生出来，做出从前所不能做的事。

艰难、失望和贫穷，曾经造就了许多伟人。如果拿破仑在年轻时一直一帆风顺，那么他绝不会如此多谋、如此镇定、如此刚勇。巨大的危机和事变，是使许多伟人爆发的火药。

有位成功的商人曾经说过，在他一生中每个成功都是艰难奋斗的结果，所以，他现在对于轻易得来的成功，总认为靠不住。他说，克服障碍和种种缺陷，从奋斗中获取成功，常让人无比喜悦。他喜欢做艰难的事情，艰难的事情可以试验他的力量，考验他的才干；对容易的事情，毫不费力的事情，不能给予他振奋精神、发挥才干的机会，他毫无兴趣。

有一位年轻人，家境十分贫寒，上大学时，家境富裕的同学拿他开玩笑，取笑他衣衫褴褛、穷相毕露。别人的嘲笑并没有把他推向深渊，而是激起他巨大的动力，他立志要做世上的伟人。

后来，他果然取得了惊人的成功。他说，学生时代所受的种种讥笑是最好的激励。

处在绝望境地最能启发人潜伏着的内在力量。假设林肯生长在一个庄园里，上过大学，他也许当不上美国总统，成不了伟人。在安逸舒适环境中生活的人，便不需要多少努力，不需奋斗。林肯的伟大，就在于他不断地与逆境苦斗着。

在当今世上，很多人把取得的成就归功于障碍与缺陷。为了要弥补身体上的缺陷，他们养成了可贵的品格。很多相貌极平凡，甚至长相特别丑陋的女子，在学业和事业上，往往能不懈努力，最后干出意想不到的事业来，这可看作对长相的一种补救。

但是特殊缺陷与困难的刺激，不会发生在每个人身上，所以世界上真正能发现“自己”、能发挥自己最高能量的人并不多。许多人根本不知道自己身体里面蕴藏着巨大的能量，有些人至死也没发现。

阳关大道，独木小桥，世上千万条路适合你的是哪一条？

人的一生其实很简单，那就是把握自己，走出自己的路来。鲁迅先生说过：“世上原本没有路，走的人多了也就成了路。”确实如此，路是人走出来的。芸芸众生，每个人都有自己的秉性和特征，你必须根据自己的本质需要，选择自己能完成的目标，用自己的脚，踏出光明的前程。

能够承认挫折，才是真正的虚怀若谷。换言之，我们所做的一切都是不确定的、不可完全信赖的。但是，虽然我们做的事是不确定的，可能会虎头蛇尾、草草收场或遭受不公平的对待，做这件事本身却有其价值所在。

面对人生的诸多意外的挫折与随时可能出现的痛苦，我们采取何种态度至关重要。除去道义的责任感外，我们对危机本身也应有清楚的态度。是无可奈何地接受失败，还是坦然面对危机，酝酿新的机会和斗志，都是我们能否成功的决定因素。

与其坐以待毙，不如一试

某家小型企业的经营者遭受到经济不景气的冲击，业绩不振，已经到了要宣告破产的地步，不但背负巨债，更有许多债权人威胁着要打官司。事实上，已经有多位债权人告到民事法庭了。在如此走投无路山穷水尽的境况下，破产只是早晚的事。

这位企业家变得意志消沉，憔悴萎靡，每天上班已经成为一件痛苦的事。只要一踏入公司，讨债电话便蜂拥而至，刺痛他全身每个部位。

有一天，他在下班搭乘电车的途中，读到一本杂志，其中一则记载某位人士买下一家即将倒闭的公司而将之重新整顿的报道，深深吸引了他。

“他能够挽回破产倒闭的命运，为什么我就不能呢？我应该也可以做得到。”这位经营者在心底燃起了创造性的能源。

第二天，他一到公司便要求经理将所有债权人的电话整理出来。

然后他开始打电话给每一位债权人：“能否请您再宽限一段时间？届时我会连本带利一并偿还……”他用诚恳的态度请求对方。

“你是不是接到一大笔订单？”其中一位金额庞大的债权人试探着问。

“不是，但我得到了一个更重要的东西，那就是重新振作的勇气。”

“嗯。听起来好像不错……好吧！我尽可能地帮你！”这位债权人也发自内心地鼓励他。

凭着真诚自信的语气，这位面临破产的经营者竟使得连准备告他的债权人也都转而协助他。

不久，他公司账簿上的赤字逐渐消失，开始转亏为盈。

还有一个更加感人的故事，主人公是美国的约翰。

一天早上，约翰与其他五个建筑工人，爬上一幢小房子的屋顶工作。那天天气极其闷热，而他们所做的工作又异常棘手。约翰当时正在一个木架上工作，主管叫他递过一件工具。约翰伸手去取的时候，忽然，一根木条因不能承托他的重量而折断了，他踩了个空。

这一跌非同小可，因为他 160 磅的身躯是头先着地。约翰后来回忆说："我的头先坠地，跟着身躯下压，使我的前额像扭扭棒一样扭曲地顶住我的胸膛。在那一刻，双脚已没有知觉了。"

"当别人把我的头放在枕头上，我才开始感觉到痛楚，那痛楚越来越厉害，我只好叫他们把枕头移走。我觉得头颅与身躯好像只有一根线连着。每次我把头稍做移动，痛楚就会加剧。我以为那根线快要断了，头颅也要与身体分家了。我挣扎着保持清醒。"

"不久，救援队到了，他们要把担架放在我的身躯下，我非常害怕，因为我的痛楚已非常难耐了。不过，医生不断地安慰我，同时以利落的专业手法移动我，使我的痛苦不至大大增加。"

"在医院里，脑科专家把我移上 X 光台，然后把我的头移到照 X 光的最佳位置。我以前虽然也经历过痛苦，但那一次的经历毕生难忘。不久，X 光报告出来了，医生证实我的椎骨在第五和第六节之间折断了。"

"那一夜，我半睡半醒，反复回忆当天所发生的事。"

"就在这既痛苦又迷糊的时候，我记起罗斯福总统的话：'我们需要害怕的，就是害怕本身。'"

"第二天当我醒来后，头部两旁的支架提醒了我身在何方。不久我发觉，我减少活动，痛苦就会减少。我觉得胸口以下像木乃伊一样。这种感觉非常恐怖，因为这意味着我的知觉已完全失去了。"

以后数周，一切测试都证明约翰已终身残废。但他仍抱有希望，他希望会有奇迹发生，他的脊梁骨会愈合，为大脑传递信息。

因此，他全心全意去找寻复原之道，想知道怎样做才可以使自己复原。他并没有向人问及自己的情况，因为他从两个护士的对话中，已知道四肢瘫痪了。约翰从未见过四肢瘫痪的人，但此刻他知道自己头颈以下的身躯已不能再动了！

这位年轻的丈夫和父亲要面对的是无比艰辛的日子，但没有人比他更坚强。

他说："我要活下去。我要凭着渴望、意志活下去。我要激发求生的意志，并要撑下去，我要去医治，我要发挥自己的潜能。我要专心培养这些信念，而决心必会使我成功。我永不放弃！"

八年后，约翰几乎以轮椅代步，但他仍说他的生命是美好的。

他说："我不会让自责、埋怨和憎恨占有任何位置。我深信憎恨只会带来破坏。我要带着爱去生活，虽然我的身躯伤残，但我的心仍保存着功能。我现在认识到那些真正伤残的人，是那些只以外表完美作为美的标准的人。"

"有时在超市坐着电动轮椅在货架中穿行时，小朋友会瞪大好奇的眼睛望着我，但我只要向他们笑笑或眨一下眼就可以应付了。有一次，一个小朋友还对我说：'哇，你真勇敢啊！'"

约翰今天所做的，并不局限于和小朋友打招呼，他有自己的生意。他为酒店安排专业的保姆服务，还在"新希望"电话辅导中心当义务咨询员。

约翰找到了新希望，因此，他的事迹可以为失意的人灌注新的希望。

如果一个人不自欺，也不会被欺

在任何情况下，都不要自暴自弃。如果你能成功地摆脱对自身能力的怀疑，不管遇到什么困难，都会坚信自己一定能成功，因此，最终你也一定能成功。要知道，你来到世间就是为了在人生中取得成功，对这一点不要有丝毫怀疑。

当杜邦在法拉格特将军面前陈述未能攻陷切斯特城的种种原因时，法拉格特将军加上了一句："此外还有一个原因你没有提到，那就是你不相信你能做成那件事。"这就是那些伟人的人格特质——他们在开始做事之前，都充分自信。如果一个人不自信，那么他时刻会受到环境和别人的影响。

周围人对我们的判断，常常取决于我们的自我评价。对于那些非常自信的人来说，周围的人也会非常信任他；另一些人非常胆怯，从来不相信自己，无法独立做出判断，总是依赖别人的意见，对这种人，周围的人自然也不敢信任。

如果一个人做事时充满了自主性，能够雷厉风行，相信自己一定能成功，那么他就能赢得别人的信任，因为他是自信的。一个人可能在别人眼里显得过于自负，但在他自己眼里，无论多么自负也不为过。

自我贬低的不良习惯对一个人性格的培养极具腐蚀作用，会打击他的自信心，扼杀他的独立精神，使他找不到生活的精神支柱。

夏洛蒂的自信不仅帮助自己圆了作家梦，而且促成了两个妹妹的成功。

她14岁时进入露海德学校。那时，她爱尔兰口音很重，衣着寒酸，长得不漂亮，严重近视（看书时鼻子几乎碰到书本，在户外活动中接不住别人抛过来的球），这些事引起了同学们的讥笑。但是在课堂上、在集体活动中，她不失时机地表现了自己的优势，同学们很快就发现，这个瘦骨伶仃的穷丫头，她的学识、想象力和聪明才智是所有人都望尘莫及的。她以优异的成绩连续三个学期获得校方颁发的银奖，并获得一次法语学习奖。渐渐地，她得到了同学们的尊重，还交了几个好朋友。

她的妹妹艾米莉则无法适应学校的生活，她入学时17岁，比别的同学大得多，个子也比别的同学高，除此以外，她遇到的问题和夏洛蒂当初遇到的一样。她被孤立、被嘲笑。日日夜夜与这些人生活在一起，成了她的噩梦，并使她感到耻辱。她打心眼里瞧不起这些奚落自己的人，知道他们是一些平庸的人，不如自己聪明，但她不会像夏洛蒂那样主动证明自己。她根本不和同学们来往，又怎能展示自己的才华呢？她连一个朋友也没有。在学校熬了三个月，她就回家了。

夏洛蒂的弟弟布兰威尔的情况更糟，他被送到伦敦皇家美术学院学习，在这里，他连起码的自信都丧失了，因为比他画得好的同学多得是。在家里，他以为自己是世界上最有才华的，现在，他怀疑自己根本没有绘画的天赋。他在伦敦的酒馆里花光了生活费，灰溜溜地回家了。情绪好转以后他又拾起了画笔，但是每当他看到别人的作品比自己的好，就把自己全盘否定，在沮丧心情的笼罩下重新考虑前途。他一会儿画画、一会儿写小说，但是一件事也没干成。

而夏洛蒂正在自己的人生道路上坚韧地跋涉。毕业以后，她成了母校的老师，她发现自己根本不喜欢这个职业，也懒得应付那些调皮捣蛋的孩子，于是，她笃定了从事文学创作的志向——要靠写作挣钱、挣脱命运的桎梏。当她向父亲透露这一想法时，父亲却说：写作这条路太难走了，你还是安心教书吧。她给当时的桂冠诗人罗伯特·骚塞写信，两个多月后，她日日夜夜期待的回信这样说：文学领域有很大的风险，你那习惯性的遐想，可能会让你思绪混乱，这个职业对你并不合适。但是夏洛蒂对自己在文学方面的才华太自信了，不管有多少人在文坛上挣扎，她坚信自己会脱颖而出。她忙里偷闲地从事创作，现在她不像小时候那样纯粹为自娱而写作，她要让作品出版。这期间，两个妹妹仍然在自己笔下的幻想王国中自得其乐，既没想到出版也没想到发表，艾米莉的诗被夏洛蒂偷看以后，还生了半天的闷气。那个曾经梦想当画家、却有一颗善于自我打击的脆弱而敏感的心的弟弟，在一次次自寻烦恼之后失去了自信，并堕落为一个酒鬼、鸦片烟鬼。

在夏洛蒂的鼓动下，姐妹三人自费合出了一本诗集。据说诗集只卖了两本。夏洛蒂没有气馁，她先后写出长篇小说《教师》《简·爱》，而且打定主意不再自费出版，因为她相信自己的小说是值得出版商掏钱的。与此同时，艾米莉写出了《呼啸山庄》，安妮写出了《阿格尼斯·格雷》。这些书的价值，现在已经很清楚了。如果没有夏洛蒂的自信心和不懈的努力，她们或许会自得其乐地写一辈子而不为人知。

自我责备、自我贬低是我们所知的最具破坏力的习惯之一。有些人经常以这样的方式伤害自己，似乎很乐意暗示自己是一个渺小的人，一个毫无价值的人。与别人相比，自己简直一无是处。

自信心是人生至珍至贵的东西，只有信得过自己的人，别人才会把责任放心地托付到他的身上。那些遇事害羞、缺乏胆量的年轻人往往没有自信与判断力，其实，人来到世上，就应该堂堂正正地站立于天地之间，昂首挺胸，目视前方，毫无畏惧地面对生活。

《圣经》和基督教精神的一大缺陷是极易禁锢人们的思想，使人不敢要求自己与生命同在的权利。如果一个父亲总是以过于谦卑和自我贬低的心态生活，并要求儿子也这么做，他会如何看待自己的儿子呢？父亲以为这样可以让儿子获得尊严和完美无缺的人生，殊不知这是对儿子的一种犯罪。

真正的绅士可以从容不迫地应付生活，不卑不亢地面对一切。但有些人似乎天生就有一种自我轻视的习惯，躲躲闪闪，不敢正视。不管去哪里，总是坐到最后一排，或者想尽办法逃离人们的视线。在人的天性中，确实存在着这种令人鄙视的弱点。人们喜欢那些勇敢的人，他们昂首行走在人群中，精神自由，思想独立，过自己想过的生活，称自己是一个真正的人。

爱默生说："如果一个人不自欺，也不被欺。"你拥有坚定和自信的个性，就不会自欺欺人。总是能对自我和生活作出积极的、实事求是的评价，就可以不断塑造自己的品格。在生活中，不要无端地低估自己，鄙视自己。

应该牢记，自我轻视的态度从来没有造就出一个真正的男子汉，现在不会，将来也不会。当然，建立在渊博的知识、精明强干的能力和诚实守信基础上的自信，与建立在自我吹嘘、盲目乐观基础上的自高自大，有着天壤之别。自信使我们竭尽全力、有条不紊地做自己的事，而自高自大则令人讨厌，最后一事无成。一个人能自我尊重，对自己的个性作出积极的评价，可以为生活保驾护航。不仅可以有效地纠正不良倾向，也可以在人生之路上避免错误的选择，避免失败。一个充满自信、注重自尊的人是不会自甘堕落的。

完全认可自己、忠实自己，是一个人最宝贵的品质。敢于正视自我，如实说出心声的品格比世上什么东西都重要。媒体或大众对你是褒是贬并不重要，只有你自己才能决定自己的命运。

如果一个人在内心没有对自己完全肯定，即使拥有金钱和地位，也没有办法得到真正的快乐和满足。

不管你拥有万贯家财还是不名一文，不管你一帆风顺还是身处逆境，心中都要有一座坚强的堡垒，护佑着自己。

哪怕对自己有些不满的想法，或者对自己有一点不自信的情绪，都有很大的破坏性。也许你认为很正常，其实，你的心态已经出现了问题。你必须立即想办法纠正和弥补，不能在产生烦恼和忧虑的原因上过多纠缠，更不可得过且过，与消极情绪妥协。如果不能当机立断，而是犹豫彷徨，困扰在消极情绪中，是非常危险的。

人心中应该有一股神圣的力量，激励自己自由、健康的发展。人应该胸怀壮志、力争完善自我，而不要只顾挣钱、满足于财富的积累。

不管一个人多么贫穷，只要他在不断进步，即便是缓慢地进步，生活也是健康向上、充满希望的。但是，一旦他不再进步了，不再向更高、更深、更强的方向发展，生活就会变得死气沉沉、平庸至极。

永远不要承认失败和贫穷，坚信你神圣的权利，昂起头，勇敢地面对世界。无论遇到任何困难，都要坚定向前。如果连你自己都怀疑自己的能力，那么没有人会信任你。要坚信：自己生来就是为了完成这一任务。要发挥你所有的才能，激发你所有的潜力，去承担重大的责任。

总而言之，你必须肯定自我，这是最重要的。也许有人说你不会成功、你生来就不是成功者的料、成功不是为你准备的，对这些闲言碎语，你完全可以置之不理，你要用行动来证明自己的能力。

烦躁之时，也不要迷失自己

有位青年出外创业，三年换了四个职业，都以失败告终。他去请教一位禅师，禅师以茶相待。禅师将茶水倒入杯中，杯子里茶水满了，禅师还继续往里倒。青年赶忙说：“师父，茶满了，不好再倒了。”

“你也知道满了不要再倒？”禅师淡然一笑说，“可你自己就像这只杯子一样，里面装满了你自己的想法。你不先把自己的杯子倒空，叫我如何对你说禅？”

一个“满”字，道出了青年人的病症。这位青年心里装满了许多许多事，什么都想干，结果什么也干不成，就像盲目的掘井人，四处掘井，一眼也没掘到底，因为三心二意是永远找不到水源的。

浮躁是现代青年人的一种流行病，得了这种病，人就会失去自控，老是在潮流中漂浮，刚刚追上一个潮流，又一个新的潮流开始出现，自己还未搞清楚是怎么回事时，就又掉转头去追赶另一股潮流。我的一位学生，曾在某科研单位工作。十年前，他禁不住“下海”的诱惑，停薪留职到深圳去淘金，先是在一家公司当经理助手，后又与人合作开办了一个咨询公司。不久，他从媒体上发现自己的一位学友写的电视剧一炮打响，成了名人。他又想去当作家，离开了咨询公司，凭着他自己一时的写作冲动，写了几个电视剧本，由于自己的功力太浅，尚未入门，全扔进了废纸篓。这些年，他总是这山望着那山高，做着这件事，又想着那件事。在追求的忙碌中，人就像一只陀螺，被现实这根鞭子抽打得团团转。最后，他才发现，自己原想离开单位获得自由，结果找不到自己的定位，却失去了属于自己真正意义上的自由。

浮躁的原因，一般来讲，都是由于所要和所想的太多太多，而一时达不到目的造成的。浮躁虽然算不上什么大病，但它却能伤害人的健康，剥夺人的成功。伏尔泰说：“使人疲惫的不是远方的高山，而是你鞋子里的一粒沙子。人要轻装上阵，就要不理会那些鸡毛蒜皮的小事，就要学会倒出那些烦人的‘小沙砾’。”“浮躁正像那烦人的“小沙砾”，看似微不足道，但却能无休止地消耗人的精力，使宝贵的年华在疲于奔命中白白地浪费。在现实生活中将人击垮的往往不是那些巨大的挑战，而是自己给自己制造的小麻烦。不少人都有这样的体验，当灾难突然降临时，因恐惧、紧张而本能地产生一种强大的抗争力量；然而遇上急躁、轻率、攀比和盲从等小事时，反而可能会迷失自己。人一旦被浮躁左右，内心就会失去平衡，就会变得六神无主，盲目地追随潮流而丧失明确的选择，追求感官刺激而忽视精神生活的充实，做起事来，就无法聚精会神，也无法发挥自己的专长和潜能。

“心宁则智生，智生则事成。”我国“四书”之一的《大学》说：“知止而后有定，定而后能静，静而后能安，安而后能虑，虑而后能得。”清代学者王之春在《椒生随笔》中说：“天地间真滋味，唯静者能尝得出；天地间真机恬，唯静者能看得透。”这些都是走向成功的至理名言。一个人只要通过自我制约，达到内心的宁静，就能产生智慧；人一旦有了智慧，就会大有作为，成功也就会变得越来越容易。我们从20世纪最杰出的两位成功者的身上可以得到印证，一个是安德鲁·卡耐基，一个是爱因斯坦。

卡耐基小时候，一天跟随母亲来到市场，在一处水果摊前，他眼睛直望着一篮樱桃。水果摊老板看见这小男孩长得十分可爱，便说道：“小弟弟，抓一把樱桃去吃，就算我送你的。”卡耐基犹豫了一下，并没有伸手去拿樱桃。

老板诧异地问：“你不喜欢樱桃吗？”

“不！我最喜欢樱桃！”卡耐基小声回答。

“那就抓一把去吃啊，我不收你钱！”老板说。

“老板对你这么好，你就抓一把樱桃吧！”母亲也这样说。但卡耐基仍没有伸出手来。这时，老板反倒觉得不好意思，连忙抓了一大把樱桃塞在卡耐基的口袋里。口袋里装满樱桃的卡耐基，很高兴地跟着妈妈走了。

在回家的路上，母亲问卡耐基：“刚才老板对你那么好，你怎么不敢伸手拿樱桃呢？”

卡耐基笑着回答：“我当然想拿，可是……老板的手比我的大，他一把能抓好多樱桃呢！”

年纪尚小的卡耐基能控制自己一时之间的急躁，不让想要得到樱桃的欲望战胜自己的理智，最后终于获得了更多的樱桃。他长大后，无论是当纺织工人，还是当钢铁工人，总是根据自己所处的环境和低微的地位，努力塑造最佳的自己。他做事的原则是“不求一步到位，但求步步到位”。正是这良好的沉着、冷静和耐性，使他从一个普普通通的工人，变成“钢铁大王”，世界巨富。

人常说：心想事成。为什么有时候心想事不成？那是因为想得太多。想得太多了，反而会影响成功。爱因斯坦有位好友叫贝索，被誉为“相对论的助产师”，他知识渊博，思维敏捷，但是他一辈子也没有什么突出建树，这是为什么？因为他常常思想很难集中在一件事情上。就像一只蝴蝶，不停地从这儿飞到那儿，又从那儿飞到这儿，在一件事尚未完成时，马上又想着另外一件事。

与此相反，爱因斯坦的知识未必有他渊博，但爱因斯坦能让“宁静”抚慰自己的心灵，能一心一意围绕自己的研究，进行深入的学习思考，所以才能取得举世瞩目的成就，成为20世纪最伟大的成功者。也可以说，他的“相对论”就是“聚精会神的产物”。

学会心宁，就能战胜浮躁。当你遇上烦躁之事时，当你不知道该做什么的时候，我建议你什么也别做，先停下来，集中精力洞察一下自己的内心世界，心平气和地想想自己在做什么，为什么做，有何价值。然后再问问自己：你真正想要的是什么？什么才是你人生中最主要的成功？这样你就可以集中精力洞察自己的内心世界，摆脱不切实际的幻想，摆脱心中不太重要的事情，遇上烦躁之事时，也不至于迷失自己，找不到自己的定位。

要想成功，必须记得：“心宁则智生，智生则事成。”

恰到好处的幽默是智慧的体现

幽默能体现一个人的内在气质，一个人内在气质的美，胜过外表的美。无论何人，只要充分运用自己的睿智，随机应变，用幽默的言辞以缓和窘境，这就是一种成功。它能化冲突为喜悦，变危机为幸运，即使在充满火药味的场合，也可以成为最佳的缓和剂，帮助你摆脱困境。

将 humor 译为“幽默”的“幽默大师”林语堂先生，生前有一次乘船旅行，在船上看到一个外国人正在看他所写的那本英文版的《生活的艺术》，那老外见林语堂身着大褂，以为是个乡巴佬，就鄙夷地对林语堂说：“老兄，你看得懂吗？”林语堂不疾不徐地用英语对他说：“虽然我看不懂，但是这本书是我写的。”说罢掉头就走，留下一脸愕然的老外。

世界著名的大文学家歌德有一天到公园散步。迎面走来一位曾经对他的作品提出过尖锐批评的批评家。这位批评家站在歌德面前高声喊道：“我从来不给傻子让路！”歌德却答道：“而我正相反！”一边说，一边满面笑容地让在一旁。

不论是林语堂也好，歌德也罢，他们的幽默无疑避免了一场无谓的争吵，同时也可以消除自己的恼和怒，充分显示了他们的心胸和气量。

幽默还可以消除尴尬的场面。真正的幽默可引来会心的一笑，带来欢笑与快乐。要知道，并不是所有的幽默都可以起到解围的作用，因为在窘境中人们的自尊心极易受到损害，若幽默不当，则不仅不能解围，反而会使人更加受窘。能用幽默解围，其成功的关键在于：理解人家的心情，维护别人的尊严。须使处于窘境中的各方都能够接受，既能迁就别人又无损于自己。

从前有一位画商拿着毕加索早期的画作，请求他鉴定是不是他画的。毕加索瞄了一眼，说道：“这是一幅假画。”画商大吃一惊，支吾地问：“这难道不是你画的吗？”“是啊！这是我亲自作的假画！”毕加索不慌不忙地说。

其实，每个人都可变得幽默，它不是天才、高智商、喜剧演员的专利品。只要你常看一些笑话故事、歇后语，学习让嘴角向上翘，换个新鲜高度欣赏事物，必可找回幽默和学会幽默。

使人欢笑，使人快乐；做愉快的事、说愉快的话，就会把欢乐散布到四周。如果你为别人做了一件好事，那么你也治愈了自己，因为欢乐是一剂精神良方，能超越一切障碍，也会伴你成功。

幽默虽好，但不能乱用，要掌握一定的技巧：

1. 不要随意幽默。幽默并不是随时随地都可以运用的，应在某些特定的场合和条件下发挥幽默。

例如：在一个正式的会议上，当别人发言时，你突然冒出一两句逗人的话，也许大家都被你的幽默逗笑了，但发言的那个人肯定认为你不尊重他，对他的发言不感兴趣。

2. 幽默要高雅才好。在生活中，有不少人在开玩笑时往往把握不住分寸，结果弄得大家不欢而散，影响了彼此的感情。

3. 不幽默时无需硬要幽默。如果当时的条件并不具备，你却要尽力表现出幽默，其结果必定是勉为其难，到底该不该笑一笑？这会令彼此陷入更尴尬的境地。

总之，幽默是一种优美的、健康的品质，恰到好处的幽默更是智慧的体现，当你掌握了幽默这门社会交往的艺术时，你会发现与人沟通不再是一件困难的事情。

唯真情，才能够使人信服

俗语说：“言谈贵在情真，功在情深。”言谈时只有真情地流露，才能产生无与伦比的推动力和征服力。正如被称为中国四大演讲家之一的李燕杰所言：“在演讲及一切的语言表达中，唯真情，才能够使人怒；唯真情，才能够使人恼；唯真情，才能够使人笑；唯真情，才能够使人信服。”

真情指导言语策略的运用，还应防止出现利用情感言语进行诡辩这种情况，即为了哗众取宠或为了达到卑鄙罪恶的目的，故意迎合听众不良心理，煽动听众不良情绪，造成“诉诸感情”或“诉诸公众”而不讲真理地诡辩去攻击对方的卑劣行径。

美国前总统尼克松曾在 1952 年严重受挫，后来，他作了一次震撼美国的演说，以真诚和朴实又赢得了人心。

当时，尼克松是年轻的参议员，竞选总统的艾森豪威尔将他作为竞选的伙伴。正当他为竞选四处奔走时，突然《纽约时报》登出抨击他在竞选中秘密受贿的文章。

为此，尼克松被迫在电视台发表了半小时的讲话。下午六点半，当尼克松在电视屏幕上出现时，整个美国都安静下来了，他采取了一个在政治史上罕见的行动，把自己的财务全部公开，从自己的家产，一直谈到他的欠债。紧接着，话锋一转，详细说明自己的经济收支情况，连如何花掉每一分钱都告诉听众——从操心为孩子矫正牙齿到改装锅炉等款项。他还告诉大家，这次竞选提名之后，确实收到一件礼物，这就是得克萨斯州有人送给我孩子的一只小狗。

当他讲完走出广播间时，到处都响彻着欢呼声。有 100 万人打电话、发电报或寄出信件给他，几乎每个著名的共和党人都给他发了赞扬的函电，从邮局汇来的小额捐款达6万美元。全国听、看这次讲演的达6000万人，演讲使事实得以澄清，还得到了大批同情者。

中国有句成语叫“精诚所至，金石为开”，比喻对人真诚能产生极大的感动力量，甚至像金石般坚硬的东西也能被感动得裂开。我们日常生活中常说的“心诚则灵”讲的也是这个道理。如同我们在一般的人际交往中一样，在社交中，真诚的语言或行动同样也可以打动人心、征服听众，因为对于一切谈吐，最令人喜欢的正是那种出自真诚而又经过选择的话题。如果我们在说话时不考虑对方和听众的心理，故意避开主题，这本身就是一种不真诚的表现。在上例中，尼克松之所以能够赢得千百万同情者，使自己从被抨击的窘迫中解脱出来，则完全归功于他在演讲中表现出的真诚，正是他的真诚才感染了广大听众和观众的心灵，使他们通过闻其声、观其情、见其心而达到了与之心心相撞，情景交融，在感情上发生了共振效应。

不以物喜，不以己悲

一位留学美国的中国学生和朋友谈起了自己看问题视野的变化。由于小学成绩优秀，他考上了县城的中学。他发现自己再不能像在小学时那样稳拿第一了，于是产生了嫉妒：比自己好的同学原来都有六棱的好铅笔，自己却没有，天道不公啊！经过几年的苦读，他居然又成为县中学的第一了。而他又觉得：人与人之间还是不平等的，为什么自己没有好钢笔呢？中学毕业后，他考上了北京的某所大学，可好景不长，他的学习成绩连中等也保不住了。看到城里的同学是好铅笔成堆，好钢笔成把，早上蛋糕牛奶，晚上香茶水果，想想自己，早上一个窝头还舍不得吃完，还要给晚上留一半，“合理”又从何谈起呢？五年后，他留学到美国，亲眼看到了五光十色的西方世界，所有的嫉妒、自卑、怨恨却忽然一扫而光了。原来自己选取的比较标准发生了变化，看到的不再是自己的同学、同事和邻居，而是整个世界。有的人在蜗牛角上打架，有的人携手在太空漫步。坐井观天的争斗只有一个结果，就是故步自封。当你转换一个视角再看问题时，你有可能发现一个全新的世界。这个世界上只有一件事是最重要的，那就是自己得瞧得起自己，至于别人怎么说怎么认为反而是一件无足轻重的小事。生活中如此，工作上也一样，只要好好干，是金子总会发光的。可是，当我们面对生活的挫折和不平坦的路程的时候，我们却常常把自身贬低。

李明原来在某公司的营销部当经理。一天他突然接到人事部门的调令，调他去供应部当经理。在公司，供应部的地位哪里比得上营销部呢？李明心想如此一调，不就是明摆着对自己不满意嘛，看来前途不妙。以前李明从事销售工作，整天往外跑，很合乎他的个性，如今，要他整天待在办公室里搞物资调动，和那些器材报表打交道，实在是有些受不了。开始的时候，李明一直闷闷不乐，心灰意冷。后来他自己忽然想到一个问题：为什么我以前对自己信心十足，当上了供应部经理后就没有了呢？他思之再三，突然醒悟过来：“这是因为我自己的期待值无形中随着部门的调动而降低了，我失去了自我上进的动力。”于是，他开始把精力投入新的工作，慢慢地发现供应部也有自己的用武之地。而且，供应部对整个公司来说，起着举足轻重的作用，只是大家平时把它忽略了而已。李明重新找到了“工作的意义”，一改以往消极拖沓的作风，变得充满自信，工作起来如鱼得水，得心应手。他的积极态度也感染了下属。由于他出色的工作成绩，供应部获得总公司颁发的两次特别奖金。不久，李明收到一张人事调令，他被提升为公司的副总经理。

从这个故事中，我们看到了：其实在生活中，我们应该保持一种适应环境、改造环境的积极心态，而不要一味地在自己的消极意志中沉寂下去。当然，有些时候我们不可能完全如意地挑选那些又重要又体面的工作，很可能要被动地接受一些工作安排。这时候要心中清楚：不要让自己降低标准去适应工作，而应按自己的才华提升工作标准，不要干削足适履的傻事。和谐难得，和谐又从何而来？往往是我们以一种好的心态去待人接物，无论是生活还是工作，和谐便至。我们更应好好珍惜这难得的和谐。

战国时代，在长城外住了一位老翁。有一天，老翁家里养的一匹马无缘无故走失了。在塞外，马是负重的主要工具，所以，邻居都来安慰他。这位老翁却很不在乎地说："这件事未必不是福气！"过了几个月，走失的那匹马居然带了一匹胡人的骏马回家，这真正是赚了，邻居都来庆贺。这位老翁却说："这未必不是祸！"几个月后，老翁的儿子骑这匹胡马摔断了大腿骨，邻居们佩服老翁的料事如神之余也赶来慰问，而这位老翁却毫不在意地说："这倒未必不是福！"事隔半年，胡人入侵，壮丁统统被征调当兵，战死沙场者十之八九，而老翁的儿子却因为摔断了一条腿而保住一命。

塞上老翁这种透过长远时空、利弊并重来思考问题的方式，自然产生"不以物喜，不以己悲"的平常心，遂成为中国传统文化中睿智的典型。这种平常心带来了生活中的和谐，宽容心不也是如此吗？

世上有走不完的路，也有过不了的河。遇到过不了的河掉头而回，这也是一种智慧。但真正的智慧还是不要因为小挫折而灰心丧气，最后影响了你的人生脚步。

历览古今，抱定"不以物喜，不以己悲"这样一种生活信念的人，最终都实现了人生的突围和超越。处在纷繁复杂、变幻莫测世界的我们，不是更需要这种精神吗？只有这样，才有我们的立足之地。

播下了怎样的种子，就会收获怎样的人生

卢梭在人生的阴暗时期，不是向更加阴暗的角落里退缩，而是向着心灵散发出的那一丝淡淡的却很明亮的光源行进。

卢梭出生在日内瓦一个钟表匠家庭，自幼喜欢读感伤小说和普鲁塔克的《希腊罗马名人传》。在10岁那年，由于一场诉讼，他的父亲被迫逃离了日内瓦，从此不再照管卢梭这个一出世就失去了母亲的孩子。卢梭在一个牧师家被寄养了两年，并开始学习拉丁文。这是他仅有的在别人指导下进行的正规学习。后来，他被送去跟一个雕刻匠做学徒，由于常常挨打受辱，两年后他逃了出去，从此过了13年流浪生活。其间他什么活都干过，备受磨难。但卢梭多愁善感，酷爱读书，在逆境中成长起了一颗高贵的心灵。他不甘忍受自己在社会中的卑微，开始探讨人为什么会不平等。

为了寻找这种不平等的起源，卢梭有条不紊地阅读了大量书籍，开始研究、思考人类的发展史，著述了有名的《论人类不平等的起源和基础》《社会契约论》等。他认为人类在自然状态即原始社会中，是自由平等的。那时生产力水平低下，几乎没有私有财产，也就没有权力，没有等级差别。

但后来，人类为什么会失去自由，有了不平等呢?

卢梭形容：“谁第一个圈出一块土地，大言不惭地说‘这是我的’，并且找到了一些傻乎乎的人竟相信了他的话，谁就是文明社会的真正奠基人。”卢梭认为有了私有财产，人类就开始有了文明社会。随着生产力水平的提高，人开始追求舒适的生活，开始滋生出各种欲望，于是就有了彼此的征服和战争，有了地位的高低之分，有了财产的不均等。也就是说人在创建文明的同时，也制造了枷锁，

束缚了自己，人不再自由了，也不再平等了。

卢梭这样说：“从那里，我看见我的同类像瞎子一样，正沿着他们的偏见之途朝前走，沿着他们的谬误、苦难、罪恶之途朝前走，我以他们难以听见的微弱之声疾呼：丧失理智的人啊，你们老是抱怨大自然，却不知一切的苦难都是你们自己造成的啊。”

卢梭从人类的痛苦中认识到人类的一切不平等、不自由都是人类自己造成，而绝不是天赋使然，他呼唤人权的重新回归，要求每个人都应该拥有最基本、最神圣的权利一平等、自由。卢梭提出了著名的“社会契约论”和“主权在民”的理论。他认为人原本都是平等、自由的，但过分的自由使彼此伤害对方也成为自由，于是每个人都要交出一部分自由，通过结成国家、订立法律限制起来，目的是为了保障人们最大的平等、自由的权利。国家、法律就是一种契约，没有人是天生优越的，在契约面前人是平等的，用现代的话说就是在法律面前，人人平等，法律至上。同时契约是为了保障民众的平等、自由权利，因此国家主权应属于人民，而不是一小撮统治者，人民有任免、罢黜与监督行政首脑之权，有决定国家统治形势之权，有推翻专制制度之权。

但当看了他的《论人类不平等的起源和基础》后，你就会明白，虽然他浪迹过街头，做过仆人、家庭教师，地位卑贱，但却始终潜藏着一颗高贵的心灵，正是这种心灵引领他走出了卑劣，激励他在劣境中去寻找一个更公平、更美好的世界，从而将人类导向了平等、自由、博爱的新航向。就像卡莱尔说的：“他教导的东西，整个世界将去做和创造出来。”正是在卢梭思想的引导下，才有了法兰西共和国，才有了美国的《独立宣言》。

卢梭在《忏悔录》开篇中写道：“当末日的号角吹响时，我愿意拿着这本书和任何人一起站在至高无上的上帝面前接受审判。这就是我曾做过的，我曾想过的，这就是真实的我。”

卢梭一直是人们崇拜的偶像，他的崇拜者常常为他的理论，为他孤独的情感、激昂的文采所倾倒。初看《忏悔录》时，很多人在心里怎么也接受不了。一个少年时有露阴癖的性变态者，青年后又与他人共事一位中年贵妇，甚至因为这位贵妇去世时，在遗嘱里未曾提到他，他就偷了这位贵妇一条价值不大的缎带。就这样一个无赖，居然完全靠自学成了民主社会理论的奠基人。于是读者们在心里问自己，为什么他能超越卑贱成为一个伟人呢？

不是很多人相信世界上有完美的人，但从古至今又有谁能像卢梭那样有勇气、有道德，能将真实的自己坦然于众呢？卑贱的人也许只有在卑劣中得到乐趣。卢梭生活在社会最底层，受尽了各种屈辱，但他心灵的高贵使他无法忍受这一切，在孤独与痛苦中，他思考着人的权利和价值，并用他天才的灵魂和激情四射的言辞唤醒了我们，使我们认识到平等和自由的可贵。他不仅自身超越了卑贱，而且用他高贵的心灵点燃了我们心灵中高贵的火种。也正因为如此，他生前虽然遭到了各种的非议、唾骂，但死后却进入了法国的先贤祠——一个专门用来安葬伟人的处所，具有世界性的荣誉纪念意义。

人的思想和行为不可能全都是伟大的、高尚的，甚至有些可能是卑劣的，但只要心灵保持高贵，并遵循高贵心灵的指引，那么就必将超越平庸，变得杰出。你在心灵里播下了怎样的种子，就将收获怎样的人生。同时不管是在怎么样的环境里，都要适当处理社会上的各种关系，以保自己周全，才能完整地演绎自己精彩的人生。

尽快忘掉今天，明天是新的一天

错误和考验铺设了一条崎岖坎坷的道路，但是对于那些充满勇气、坚韧不拔和冒险精神的人来说，它也是一条通往成功的路。

萧伯纳说过："一个人只有经过东倒西歪的、让自己像个笨蛋那样的阶段才能学会滑冰。"的的确确，在任何事情上，只有勇敢地让自己当一个傻瓜，他才能取得进步。

我的一个朋友自己开了一家室内装饰店。最近，我陪她去拜访一个未来的顾客——一位非常富有、却又有些古怪的老妇人。"我怀疑能否得到这份差事。"她向我透露了自己的心事，"我听说她回绝了城里所有的商店！"

在环视了整个屋子之后，我的朋友提出了她的估算。老妇人突然用一种锐利的目光盯着她问道："你曾经做过一件错事没有？"

"唔——那当然！"我的朋友有些吃惊地回答。

"那好。"这位老妇人说，"这项差事就交给你好了。我可不想和不曾有过一次机会从过去的错误中得益的人开什么玩笑。"

错误不仅仅是生活中可以接受的一部分，而且对于阅历丰富的人生，它也是必不可少的。如果我们不能聪明地利用我们的错误，就绝不能掌握任何技能。

小约翰·D. 洛克菲勒在回忆父亲的时候说："我从来没听他说过一句后悔的话。对于他来说，已经发生的事都是无可挽回的。怎样补偿损失、怎样重建恢复、怎样把显然的失败转变成胜利，这就是在他整个一生中最为迫切注意的问题。"

有时候，那些望子成龙的父母，把对孩子的要求树立得高不可攀。"他们如此经常地告诉孩子们，如果他们达不到标准就会使父母大失所望。"博纳罗奥佛斯特利特在《了解恐惧》一书中写道："他们实际上促使那些孩子们过于害怕失败，当真的碰上失败时又会过于自暴自弃。"

最重要的是，应当认识到，成就总是经历一条尝试和错误的自然过程才能获得。"我们总喜欢把人类成就的成品扔给孩子们——收音机、电话、治病救人的医药，"汽车发明家查尔斯·F. 凯特林指出，“我们在这样做的同时，却没有告诉他们这些奇迹的发生所经过的痛苦过程。我们应当一再强调，没有什么事是一次就能成功的。”

许多重大的成就都是通过冒风险的错误才取得的，这些错误成为通往成功之路的垫脚石。年轻的温斯顿·丘吉尔犯过如此众多的引起公愤的错误，以至于被报纸指责为“缺乏谨慎和判断力”。幸运的是，他并没有因为这些指责而放弃自己的活动。

承认错误是需要一点幽默感的。然而一个人常常直到生命的晚期才会采取这种明智的态度。但是，用爱默森的话说：“每一天过完了也就过去了。你已经做了你所能做的一切，其中会不知不觉地混进某些错误和愚蠢的言行，尽快地忘掉它们吧！明天是新的一天，让我们愉快、宁静，以高昂的情绪开始新的一天吧，这样你过去的蠢事就无法拖累你了。”

只有巨大的激情，才能震撼灵魂

爱默生说过：“有史以来，没有任何一件伟大的事业不是因为热忱而成功的。”一位名人也曾说：“只有激情，巨大的激情，才能震撼灵魂，成就伟大的事业。”

休斯·查姆斯在担任“国家收银机公司”销售经理期间，该公司的财政发生了困难。这件事被负责营销的经理知道后，影响了营销人员的士气，营销人员因此失去了工作热情。销售量开始下跌，到后来，情况越来越严重。休斯·查姆斯不得不召集全体销售人员开一次大会，全美各地的营销人员均被要求参加这次会议。

会议开始后，他首先请手下最佳的几位销售员站起来，要他们说明销售量为何会下跌。这些销售员在被唤到名字后，一一站起来，每个人都有一段最令人失望的悲惨故事向大家倾诉：商业不景气，奖金缺乏，人们都希望等到总统大选揭晓之后再买东西；等等。当第五个销售员开始列举使他无法达到平常销售配额的种种困难情况时，查姆斯先生突然跳到了一张桌子上，高举双手，要求大家肃静。然后他说道:“停止，我命令大会暂停10分钟，让我把我的皮鞋擦亮。”

有远大目标的人一定要培养自己的领导才能。随即，他让坐在附近的一名黑人小工友把他的擦鞋工具箱拿来，并要这名工友替他把鞋擦亮，而他就站在桌子上不动。

在场的销售人员都惊呆了，以为查姆斯先生突然发疯了。他们相互之间开始窃窃私语。在此同时，那位黑人小工友先擦亮他的一只鞋子，随后又继续擦另一只鞋子。他不慌不忙，动作简洁利落，表现出一流的工作技巧。

皮鞋擦完之后，查姆斯先生给了那位小工友一毛钱，然后开始发表他的演说。

“我希望你们每个人，”他说，“好好看看这个黑人小工友。他拥有在我们的厂区及办公室内擦皮鞋的特权。他的前任是位白人小男孩，年纪比他大得多，尽管公司每周补贴他5元的薪水，而且工厂里有数千名员工，但他仍然无法从这个公司赚取足以维持他生活的费用。

“这位黑人小男孩不仅可以赚到不错的收入，既不需要公司补贴薪水，每周还可以存下一点钱来，而他和他前任的工作环境完全相同，也在同一家工厂内，工作的对象也完全相同。”

“我现在问你们一个问题:那个白人小男孩拉不到更多的生意，是谁的错？是他的错，还是他的顾客的错？”

那些推销员不约而同地大声回答说：“当然了，是那个小男孩的错。”

“正是如此。”查姆斯回答说，“现在我要告诉你们，你们现在推销收银机和此前的情况完全相同：同样的地区、同样的对象，以及同样的商业条件。但是，你们的销售成绩却比不上一年前。这是谁的错？是你们的错，还是顾客的错？”

同样传来了响亮的回答：“当然，是我们的错。”

“我很高兴，你们能坦率承认你们的错。”查姆斯继续说，“我现在要告诉你们，你们的错误在于，你们听到了有关本公司财务发生困难的谣言，这影响了你们的工作热忱，因此，你们就不像以前那般努力了。只要你们回到自己的销售地区，并保证在以后30天内，每人卖出5台收银机，那么，本公司就不会再发生什么财务危机了，以后再卖出去的，都是净赚的。你们愿意这样做吗？”

大家都说愿意。

事后，大家果然都这样做了，并实现了预期的目标。

这件事情记录在国家收银机公司的历史上，名称就叫“休斯·查姆斯的百万美元擦鞋”。休斯·查姆斯以他的激情，焕发了销售人员的热情，使相同的人发挥了不同的能量。该事件扭转了销售连续下滑的局面，使公司走出了困境。

每个人都喜欢与精神饱满、热情洋溢的人打交道。热情意味着生机、活力、真诚、自信、友爱、微笑，它是我们能吸引别人、打动别人并赢得别人好感的前提之一。

只有划着的火柴才能点燃蜡烛，同样，只有充满热情的人才会把自己的良性情绪传染给别人，激发对方的交往热情。在热情、自信的状态下，人们的表达能力和思维能力都明显较平时要强，所以也更容易赢得别人的信任。而一个人如果神情倦怠、无精打采，缺乏自信、唯唯诺诺，又有谁喜欢与之交往？

不论是充满热情、自信还是神情倦怠、无精打采，所有这些内心情绪、精神状态一定会反映在我们的身体行动和言语中。身体行动也就是我们所说的身体语言，它是我们给别人的视觉印象，而视觉印象在给人的总体印象中，要占据一半以上的重要性。所以，我们必须注意自己的一举一动，让自己充满创业与成功的激情。

只有相信自己的价值，才会把握住自己的个性

有一次，一名意志消沉的经理前去寻求美国著名成功学家拿破仑·希尔的帮助，他因为合伙人的破产而变得一无所有。拿破仑·希尔于是要求他站在厚窗帘的前面，并且告诉他："你将看到这世上唯一能使你重获信心并且克服困境的人。"藏在窗帘底下的其实是一面镜子，因此，当拿破仑·希尔将这块窗帘揭开，出现在经理面前的不是别人，正是他自己。

经理用手摸摸自己长满胡须的脸孔，对着镜子里的人从头到脚打量了几分钟，不禁陷入了沉思，过一会儿便向拿破仑·希尔道谢离去。

几个月后，经理再度现身在拿破仑·希尔面前，但他已非当时意兴阑珊的失意者，而是从头到脚打扮一新，看起来精神焕发、信心十足的样子。他告诉拿破仑·希尔："那一天我离开你的办公室时还只是一个流浪汉。我对着镜子找到了我的自信。现在我找到了一份薪水不错的工作，我确信自己从前的成功肯定还会降临。"

只有相信自己的价值，才会把握住自己的个性，相信自己的价值具有独特性，而不会在乎别人怎么评价自己。如果你不信任自己、不尊重自己，你自然不能抱怨别人也不信任你、不尊重你。其实，唯有自信，才是你成功的最可靠的资本。你永远不要企求全世界的人都会百分之百地赞美你，因为就连上帝都有人反对，不是吗？

蜚声世界影坛的意大利著名电影明星索菲亚·罗兰能够成为令世人瞩目的超级影星，是和她对自己价值肯定以及她的自信心分不开的。

为了生存，以及对电影事业的热爱，16 岁的罗兰来到了罗马，

想在这里涉足电影界。没想到，第一次试镜就失败了，所有的摄影师都说她够不上美人标准，都抱怨她的鼻子和臀部。没办法，导演卡洛·庞蒂只好把她叫到办公室，建议她把臀部削减一点儿，把鼻子缩短一点儿。一般情况下，许多演员都对导演言听计从。可是，小小年纪的罗兰却非常有勇气和主见，拒绝了对方的要求。她说："我当然懂得因为我的外形跟已经成名的那些女演员颇有不同，她们都相貌出众，五官端正，而我却不是这样。我的脸毛病太多，但这些毛病加在一起反而会更有魅力呢。如果我们的鼻子上有一个肿块，我会毫不犹豫把它除掉。但是，说我的鼻子太长，那是无道理的，因为我知道，鼻子是脸的主要部分，它使脸具有特点。我喜欢我的鼻子和脸本来的样子。说实在的，我的脸确实与众不同，但是我为什么要长得跟别人一样呢？"

"我要保持我的本色，我什么也不愿改变。"

"我愿意保持我的本来面目。"

一个人只要有自信，那么他就能成为他所希望成为的人。正是由于罗兰的坚持，使导演卡洛·庞蒂重新审视，并真正认识了索菲亚·罗兰，开始了解她并且欣赏她。

罗兰没有对摄影师们的话言听计从，没有为迎合别人而放弃自己的个性，没有因为别人而丧失信心，所以她才得以在电影中充分展示她的与众不同的美。而且，她的独特外貌和热情、开朗、奔放的气质开始得到人们的承认。后来，她主演的《两妇人》获得巨大成功，并因此而荣获奥斯卡最佳女演员奖金像奖。

所以，别人看得起，不如自己看得起。只有相信自己的价值，充分认识自己的长处，才能保持奋发向上的劲头。

"天生我材必有用。"相信自己，就是要相信我们是有价值的。这种价值表现在我们能够为社会、为他人创造价值，而且社会、他人也认同你为他们提供的产品和服务。只有真正相信自己具有价值，才能充分发挥出自己的价值。如果你认为自己毫无价值或者被利用价值很低，那么你将真的发挥不出你的才能，自己所应有的巨大的人生价值也将被埋没。这样做的结果，等于是为自己的人生设限，你所能达到的成就会永远超不出你为自己设计的高度了。如果你真的相信自己，并且深信自己一定能实现梦想，你就真的能够步入坦途，而别人也会更需要你。

不论处在何种困境中，始终保持主动的状态

日本北海道及东北地方，每年都有暴风雪，这些雪对当地人而言，是非常讨厌的。如果因为讨厌而一味逃避，降雪就会堆得很高，给生活带来不便，甚至会破坏房屋，造成人员伤亡。

反过来，若是积极地利用暴雪（也就是向逆境挑战），又会变得如何呢?

首先是要除雪。这么一来，除雪者有了工作，当然收入也会增加;由于积雪消除，交通变得顺畅，工作也更容易开展，为整个市镇带来活力。而且，可以在当地设立温泉旅馆、举办音乐会吸引观光客和滑雪客，他们所花费的金钱，不仅使温泉旅馆有收入，连山下的市镇也会分享到莫大的利益。

青年作家张抗抗，可谓是同代人羡慕的佼佼者。可是很少有人知道这位享有众多荣誉的作家，竟然也有过一段难堪的逆境和经历:2岁时，父亲因所谓的政治问题被开除党籍，因而自幼在一种家庭出身不好的沉重精神压力下长大。后来她在北大荒农场一待就是八年，其间当过农工，制过砖瓦。也曾有过一个家，很快又破裂了，后来十几年一人漂泊在外，独居他乡，历经了一个单身女人开拓事业的种种艰难。当她失恋时，流言蜚语、诬陷诽谤铺天盖地而来，使她

对自身价值产生了怀疑，其间还经历过几次意外手术和疾病的折磨。

也许，正因为经历了各种磨难和打击，付出了巨大的代价，才使得张抗抗有了自强不息和开拓事业的机遇和本领，才能拥有连续不断的令人惊叹不已的文学作品问世。

众多强者走出逆境的方式各不相同，但他们具有共同的特征：不论是处在何种困境中，他们始终保持主动的状态。他们不会让事态的发展左右自己的选择，他们会积极地探索和认识逆境中的主要矛盾，既不低估问题，也不夸大问题，而是努力寻求走出逆境的机会；即使是在等待，也是在积极主动地保持潜力，犹如樱树虽然静静地等待着春天，却无时不在养精蓄锐。

不论是在什么情况下，他们始终保持着一种创造欲望。机会从来都是人创造出来的。在逆境中，他们善于发现和利用各种有利因素，化不利因素为有利条件；他们往往计划周详，考虑缜密，不寄希望于侥幸的成功。他们崇尚的名言是："智者创造的机会要比他所能找到的多。"不论在什么样的逆境中，他们始终不放弃自己的人生目标。因为他们坚信，只要不放弃，就不能算失败，只是暂时不成功。失败、打击和磨难吓不倒他们，反而会使他们更加坚强。他们珍惜自己，坚信"天生我材必有用""生命只有一次"。他们善于在逆境和失败中捕捉新的目标，并调整自己的心理状态，适应新的环境和新的目标。他们对生活始终充满着希望。"噩梦醒来是早晨"，眼里依然拥有一轮鲜红的太阳。

每个人都要坚信自己有足够的能力战胜一切困难，即使当时的情况非常困难，也要坚持下去，静下心来寻找突破困境的方法，然后奋力一搏，总会成功的。

不怕困难、努力拼搏，这种精神是可贵的；但放弃友谊的手，甚至拒绝接受他人的帮助，则显得有些愚蠢。自尊心较强的人，动不动就退缩，常把本就要到手的希望和帮助拒之门外。不要把过分的自尊总装在心里，向人和盘托出你的苦衷，请求帮助才是智者的行为。

要有充分的理智。处于逆境而急于摆脱的人，往往容易为某种盲目的冲动所驱使，做出缺乏理智的判断和错误的选择。

洞察自己内心深处稳定的兴趣爱好和志向，因为真正稳定的兴趣和志向，常常使人产生百折不挠的勇气和难以估计的力量。

认识自己的优势和劣势。对于自己的优缺点，人们往往自以为清楚，实际上有许多误区。真正认识自己不是一件容易的事，但这种认识越接近事实，冲出逆境的道路选择就越有可能正确。

Part 3

找回自信，告别不好意思的心态

自信是走向成功的第一步，信心对于立志成功者具有重要意义。有人说：『成功的欲望是创造和拥有财富的源泉。人一旦拥有了这一欲望并经由自我暗示和潜意识的激发后形成一种信心，这种信心便会转化为一种积极的感情。』它能够激发潜意识释放出无穷的热情、精力和智慧，进而帮助其获得巨大的财富与事业上的成就。

有些人自信总能摆脱困境，解决难题

当我们决定做一件事的时候，一定要给自己足够的信心与勇气。一个人可以给予自己很高的估价，而自信处处能助他取得胜利。

大家对“潘多拉之盒”一定毫不陌生吧，它说的是古希腊公主潘多拉因美貌遭神嫉妒，嫉妒她美貌的神故意送给她一个神秘的盒子，叮嘱她绝不可打开。但潘多拉禁不住好奇心的诱惑，掀起盒子的一角偷窥，从此释出人世的一切苦难：疾病、痛苦、疯狂。所幸的是，除了这些以外，盒子里还有一样最重要的东西，那就是希望。因为有了希望，才让人类得以忍受一切。也许大家觉得希望不过是乐观的心态，即指面对挑战或挫折时不会满腹焦虑，不会意志消沉，这种人在人生的旅途上较少出现沮丧、焦虑或情感不适应等问题。但是德国哲学家施耐德对希望下的定义是“相信自己具有达到目标的意志与方法，不管目标是什么”。据此，希望不只是痛苦时的慰藉，也在生活中扮演极重要的角色，不论是学业或事业，在各领域都让人更占优势。

迈克·布瑞尼是美国知名游泳选手，1928 年代表美国参加奥运会，被认为极有希望夺得 7 项金牌。但布瑞尼在第一项 200 米自由泳时竟落居第三，第二项 100 米蝶泳时原本领先，到最后 1 米时硬是被第二名超了过去。各报都认为高度失利会影响布瑞尼后面的表现。没想到他在后 5 项竟连连夺冠。只有加州大学心理学教授瑞奇·莱思利对这项转变不感到意外，因为他在这一年曾为布瑞尼做过乐观影响的实验。实验方式是在一次表演后，故意请教练告诉布瑞尼他的表现不佳（事实上很不错），接着请布瑞尼稍作休息再试一次，结果更加出色。而参与同一实验的其他队友都因此影响了表演成绩。

毫无疑问，正是乐观的心情带着布瑞尼走向了成功。

以上的例子也可以概括为“自我功效”效应。著名心理学家阿德利亚诺对“自我功效”颇有研究，他说：“一个人的能力深受自信的影响，能力并不是固定资产，能发挥到何种程度有极大的弹性。自我功效强的人跌倒了能很快站起来，遇事总是着眼于如何处理而不是一味担忧。”悲观的心态泯灭希望，而乐观的心态激发希望。乐观与希望都可通过学习而得到，它们都是建立在心理学家所说的自我功效的基础上，即相信自己是人生的主宰，能够应付未来的挑战。任何一种成就的取得都有助于培养“自我功效”，使人们更愿意冒险，更愿意追求挑战，而一旦战胜挑战便会增强“自我功效”。

美国加利福尼亚大学心理系教授纳尔曼喜欢把保险公司的业务员作为自己的研究对象，实验结果充分说明乐观心态能激励人走向成功。在谈到乐观对成败的影响时，纳尔曼教授认为，乐观的人一般都认为失败是可变的，结果反而能转败为胜；悲观的人则认为失败是永远无法改变的。在现实生活中，乐观的人在求职失败时多半会积极地拟订下一步计划，不为挫折而消沉；反之，悲观的人则认为已无力回天，也就不思解决之道，意志消沉。

要保持乐观的人生态度，就要每时每刻都充满自信。当然，每个人的自信程度都不相同。有些人自信总能摆脱困境，解决难题，有些人则怀疑自己没有达到目标的精力、能力和方法。高度乐观的人具备若干共同特质：较能自我激励，能寻求各种方法实现目标，遭遇困境时能自我安慰，知道变通，能将艰巨的任务分解成容易解决的小部分。如此，便能达到化难为简，找到成功的捷径。

有自卑感就是意识到了自己的弱点

在现实生活中，内在的自信一旦与外在的语言结合，就能激发人的潜意识以激励人们表现出无限的智慧与力量，使每个人在未来的道路上一步步走向成功的目标。

当你置身于复杂的社会中开始奋斗实现自己的梦想时，就要同各种各样的人打交道，他们对你而言都是陌生的，而你又必须逾越他们，因为整个社会是张纷繁复杂的巨网，每个陌生人都占据着一个点，你不过是刚刚进入这张巨网里格外稚嫩的年轻人，你要与你未来梦想有关的各种各样的人建立关系，他们有的善良，有的奸诈，有的聪明，有的邪恶，有的道貌岸然，有的真诚可信……形形色色的人在社会中与你纵横交错地发生着各种关系。你不是想成功吗，你不是想拥有未来事业的巅峰吗？那就看你有没有能力把各种各样的人像洗扑克牌一样为你所用。

人和人的交往，最重要的便是语言沟通，语言是你心灵的外衣，你的语言表达能力如何直接决定着你未来能否成功。你在社会中可能会逐渐学会各种谈话技巧，以谈话为最直接的武器周旋于各种人之间取得你的利益。由于你侃侃而谈的口才，你就有可能成为又一个松下幸之助或者比尔·盖茨。全国各地每天都有不少年轻人开始新的工作，他们都希望能登上最高阶层，享受随之而来的成功果实。但是他们中的大多数都不具备优秀的语言表达素质，更致命的是他们与人对话时，缺乏一种坚强的自信，因此他们无法达到顶点。因为他们相信自己达不到，以致找不到登上巅峰的途径，他们的作为也就一直停留在一般人的水平。你也是他们中的一员，你是想创造奇迹，还是甘愿平庸，那就要看你谈话时，怎样由始至终地保持你的自信心。

始终保持与各种各样人谈话时的自信心，不仅能使一个白手起家的人成为巨富，也会使一个演员在风云变幻的政坛上大获成功，美国第 40 任总统罗纳德·里根就是有幸掌握这个诀窍的人物。

里根是一个演员，却立志要当总统。

从 22 岁到 54 岁，罗纳德·里根从电台体育播音员到好莱坞电影明星，整个青年到中年的岁月都在文艺圈内，对于从政完全是陌生的，更没有什么经验可谈。这一现实，几乎成为里根涉足政坛的一大拦路虎。然而，当机会来临，共和党内的保守派和一些富豪们竭力怂恿他竞选加州州长时，里根毅然决定离开大半辈子赖以为生的影视职业，开辟人生的新领域。当然，信心毕竟是一种自我激励的精神力量，若离开了自己所据有的条件，信心也就失去了依托，难以变希望为现实。

大凡想有所作为的人，都须脚踏实地，从自己的脚下踏出一条远行的路来。里根要改变自己的生活道路，并非突发奇想，而是与他的知识、能力、经历、胆量分不开的。当他受聘通用电器公司的电视节目主持人时，为办好这个遍布全美各地的大型联合企业的电视节目，通过电视宣传，改变普遍存在的生产情绪低落的状况。他用心良苦，花大量时间巡回在各个分厂，同工人和管理人员广泛接触。这使得他有大量机会认识社会各界人士，同大家进行了广泛而深入的谈话，全面了解社会的政治、经济情况。人们什么话都对他说，从工厂生产、职工收入、社会福利到政府与企业的关系、税收政策等。里根留给社会各界人士的印象是：前所未有的健谈人物，那种隐藏在谈话中的自信心像埃及金字塔一样牢固。里根把与各界人士谈话的话题吸收消化后，并通过节目主持人身份反映出来，立刻在美国广大民众中引起强烈共鸣。为此，该公司一位董事长曾意味深长地对里根说：“进一步发挥你谈话时的自信心，为自己立下几条哲理，然后身体力行地去做，将来定有收获。”这番话无疑为里根产生弃影从政的信心埋下了种子。就在里根如愿以偿当上州长问鼎白宫之时，曾与竞争对手卡特举行过长达几十分钟的电视辩论。面对摄像机，里根发挥出淋漓尽致的谈话效果，时而微笑，时而颔首，时而妙语连珠，时而抑扬顿挫，在亿万选民面前凭着侃侃而谈的自信口才，占尽上风。相比之下，从政时间虽长、但言辞笨拙的卡特却相形见绌。

竞选后，记者采访美国民众为何把票投给里根时，有人说，我们的总统就应该这样，你只要听上他两三句话，你就知道他的自信心可以把美利坚建设得更辉煌。有人说里根鸿运高照，其实，里根的鸿运通常都是他信心坚定的成果。

在他担任美国总统期间，也无疑显示了一个权力爱好者的品格，他曾下令出兵格林纳达，并空袭利比亚。但这个西部牛仔性格的一代君王，并非一个缺乏自制的权力瘾君子，他明白“共存共荣”的重要性，他坚信美国的防御能力，因而提出了战略防御计划。当时的苏联领导人戈尔巴乔夫，在雷克雅卫克高峰会议上提出了武器裁减计划，试图使里根放弃战略防御构想。若里根反对，就显得他对和平毫无诚意。里根在谈判桌上与其周旋，谈判失败，里根强抑怒火退出谈判。在一定能战胜对方的自信的鼓舞下，里根并未退缩，继续与苏联人进行了多次对话，利用苏联不断坏死的经济迫使对方让步。最后，戈尔巴乔夫评价里根说，里根的谈判，从始到终都能让你感到他的自信心就像核武器一样厉害，你不得不屈服。

自卑是自信的敌人，是一种消极的自我评价或自我意识，即个体认为自己在某些方面不如他人而产生的消极情感。自卑感就是个体低估自己的能力、品质的一种消极的自我意识。具有自卑感的人总认为事事不如人，自惭形秽，丧失信心，进而悲观失望，不思进取。一个人若被自卑感控制，其精神生活将会受到严重的束缚，聪明才智和创造力也会因受到影响而无法正常发挥作用。所以，自卑是束缚创造力的一条绳索。那么，人们为什么会产生自卑感呢？著名的奥地利心理分析家A.阿德勒在《自卑与超越》一书中提出了富有创见性的观点，他认为人类的所有行为，都是出自“自卑感”以及对于“自卑感”的克服和超越。阿德勒认为人人都有自卑感，只是程度不同而已。

良好的个人因素对克服说话时的自卑有着重大影响，同时它也是建立谈话自信的基础。面面俱到的优秀者、强者肯定与自卑无缘，问题是世上没有一个人能在生理、心理、知识、谈话的各方面都是一个强者、优秀者。即所谓“金无足赤，人无完人”。因此从理论上说，天下无人在谈话时不自卑，在你谈话感到自卑时，也许对方也正感觉着自卑的阴影。只是每个人自卑的表现形式和程度不同而已。

当你作为一个年轻人踏上你未来梦想的阶梯时，你就要拼尽全力调整自己。成功者能克服自卑，超越自卑，其重要原因是他们善于运用调控方法提高心理承受力，使之在心理上阻断消极因素的交互作用。

有自卑感就是意识到了自己的弱点，就要设法予以克服和补偿。要通过理性分析认清自己为何在对方面前感到自卑，是对方咄咄逼人的辞锋，还是有成就的优越感。思考清楚后就要通过补偿的方式扬长避短，把自卑感转化为自强不息的推动力量。

如果你是个有梦想的年轻人，如果你发现在与各种人对话时不自信，你不妨从四种方法中挑一种试试，或者干脆自己独创一种方法。万法归宗，条条大路通罗马，目的只有一个，就是建立起你的自信并让自信成为你命运中的中流砥柱。

因为，只有自信，你才会在竞争激烈的社会中找到你自己的位置。你要相信你是上帝的一个奇迹，你是最好的，没有人能打败你。你会创造一个属于你梦想的王国，而国王非你莫属。

不卑不亢，不屈服，不妥协

人们都想保护自己，不愿被人伤害，而且警惕性很高，只要有一句话或一件很小的事使他感到难受，他就会觉得自己受了伤害。一旦感到了伤害，就会进行反击，轻者以牙还牙，重者则会变本加厉。所以，若不想让别人伤害你，最好不要去伤害别人。

人是具有攻击性的，攻击别人的弱点、缺点，同时因为自己说穿了别人的弱点，而有一种强于别人的感觉，结果另一方感到被伤害了，可能立即进行回击。即使他可能当时不作表示，但一有机会，就会以毒攻毒，这伤害和被伤害形成恶性循环。生活在这种互相伤害的氛围里，心情是不会轻松愉快的。

怎样避免无意地伤害别人呢？要设身处地地为别人着想。在对待别人时，想一想如果别人也这么对待你，该是什么感觉。你不高兴听到的话，对方肯定也不高兴听。如果你能这么想一想，就不会无意地伤害别人。

如果你没惹他，他伤害了你，最好也要冷静地分析一下。如果是有目的的伤害，可以通过适当的方式进行还击，如果对方是无意的，最好与其平心静气地谈谈，提醒他不要再这样做。

在利益面前，有人为了多得一点，会起邪念，使你受到伤害。这种有意识有目的的伤害，一般不会是蓄谋已久的，只是由于有利可图才想到伤害你；当然那种蓄谋已久的伤害，你是防不胜防的。我们所说的那种有意但却是临时想起的伤害，一般还是有办法对付的。在与人合作中，为了避免受到伤害，就要多疑，多问几个为什么。对方稍有变化时，就要多加注意，不给他可乘之机。做事时要慎重，不要做不合适的事。如果做了让人抓住把柄的事，人家伤害你，就没有力量反击了。

人具有两面性，既有善良的一面，也有攻击他人的一面。在没有利益冲突时，人会和蔼可亲，一旦发生利益冲突时，人的攻击性会暴露出来。

人一旦被人攻击就会反唇相讥。尤其是有第三者在场时，被攻击的一方无论多么理亏，无理也强争。而在人多的场合，若攻击他人，会有更多的人看到你的本来面目，从而憎恨你转而同情另一方。同情弱者是人的本能，不管被你攻击的人是否有理，只要他被你无情地攻击，别人就会盲目支持他。这时，你就由主动而转为被动。

所以，当你攻击他人的缺点和无理行为时，要选择在场人最少的时候进行。如果只有对方一人会更好，因为没有人给他帮腔，他会感到孤立无援，也就容易接受批评；而且没有第三者在场，对方承认理亏也不丢面子。如果自己做了理亏的事，为避免对方无情的攻击，在对方邀你见面，而你不得不见时，不妨多叫几个人同去，对方看人多，即使攻击，也不会轻而易举地取胜。

我们可以明确地意识到，在人生旅途上，即使你自己谨慎小心，奋发图强，行得正站得直，仍旧不能避免厄运的降临。这厄运有主观的也有客观的因素。而尤其令人防不胜防的则是那些谗言与阴谋，正所谓“明枪易躲，暗箭难防”。由此，我们不得不学会一套人生的防守术，这样才能使我们在目前的顺航状态下放眼未来，环顾四周，明察秋毫，防患于未然。

“知己知彼，百战不殆。不知己只知彼，一胜一负；不知彼不知己，每战必殆。”这句话用到人际交往中再恰当不过了。生活在现代化的社会中，人对自身的了解以及对他人的了解是十分必需的。只有了解自己，才能确定自我，只有了解他人，才能确定他人；只有在了解的基础上沟通，交往才有进一步发展的可能，才能进一步洞察交往的性质，以便确定这交往是该继续还是该停止，是该小心防范还是应该敞开心扉。

在人际交往中，一个人对他人的态度与行为，总是以对自己的认识、评价及自己与对方的关系的意识为基础。因此，要有效地人际交往，就要正确地认识自我、评价自我、呈现自我。

自我认识，是人的意识发展的最高阶段，是人在社会实践中，对自己的生理、心理、社会活动及自己与他人关系的认识。根据自我认识的对象，可把自我认识的结构划分成物质自我认知、社会自我认知、精神自我认知三部分。

物质的自我认知是指对自己的容貌、身材、风度、健康等物质体的认知，又称生理自我认知。社会自我认知，则是指自己在社会活动中的地位、名誉、财产及他人的相互关系的认识，是个体对自己被他人或群体渐渐关注的反映。比如：我是个出色的人吗？我的才干和品德得到了主管和他人的公认和重视了吗？我是否为别人所喜爱和欢迎？我属于哪个阶层，具有哪些权利和义务呢？诸如此类不一而足。人生活在社会中，都希望得到他人尤其是个体所重视的他人或群体的关注和尊重，希望享受社会的权利，发挥自己的作用，获得一定的荣誉、地位。这种社会性的需要，促使人们对自己已获得群体所关注的程度进行认知，形成反映自身社会需要的自我意识。精神的自我认知是个体对自己的智慧能力、道德标准等内在精神素质的认识。可以说，精神自我是个体自我认识的核心，它促使个体根据主客体的需要，调节控制自己的心理和行为，修正自己的经验和观念。

了解了自己之后，紧接着的一步便是了解他人。只有了解了他人，才能把握对方的人格之高下、品质之优劣、行为之策略，做到针对性强，并表现为坦诚相待或者持有戒心，从而能防患于未然。然而，认知他人也是不容易的，这是一个复杂的心理过程，通常需要根据三个主要的信息来源：认知者与被认知者互动的情境，被认知者所具有的角色；被认知者的外貌、言行、姿态等；观察者本身的成见以及概念系统的简单与复杂程度也对认知产生巨大影响。因此，要正确了解、判断一个人，不能只凭一行一言一事的表现，而要透过现象看本质，特别是要把握他在失去主管监督及道德舆论约束时的言语表现，注意他对那些身处逆境或地位低下的人的态度。在具体的人际交往中，会有各种不同的情况出现，需要具体对待。要想很好地了解他人，那是必须要在错综复杂的人际交往中具体实践的。

知己知彼是人际交往顺利开展的前提条件。只有在这个基础上，才能做到眼光敏锐，富有前瞻性，才能面对小人的暗害不轻易上当，不立即暴跳如雷，不惧怕，不消极，而是采取相应的恰当的对策，或迎头痛击，或暂避锋芒，或置之一笑、不理不睬，或不依不饶、对簿公堂，或以其人之道还治其人之身，以牙还牙。

在现代快速的生活节奏中，我们不可能用日久天长去考察衡量一个人然后再决定与他的交往方针，而是需要我们用敏锐的眼光尽快判断制定方针以速战速决。据外国资料介绍，在上门进行推销的推销员中，有许多可以被称为“奸商”。他们在推销商品时，首先往往是和主妇们聊天，聊到推销这个行业时，便假装出一副愤愤不平的样子，怒斥本行“败类”并热心告诉主妇们，有许多推销员在推销伪劣商品，说什么他们为了赚钱什么都肯干，蒙混拐骗，完全不顾顾客们的利益，并提醒主妇们要小心。实际上，这只不过是“奸商”的一种推销方式。

因此，在与人的交往过程中，我们必须明确是非好歹，而不应轻易相信别人。听风便是雨，缺少自己的主见，把别人的话奉为圣旨，不是造成误会，与人发生纠纷，受骗上当，就是盲目行动，把事情弄得一塌糊涂。

面对上述这一切，我们不能不居安思危，为自己准备几招防积压术。同时，我们还不应满足于安全，还应主动出击，投入到社会中去，展示自己的魅力，在生活中大显身手。

首先，要有预见性，先发制人。只要我们能够确认自己了解自身也了解他人，那么我们在观察他人、观察社会时就会有敏锐的眼光，对小人的行为早有防备并预先设下计谋。比如《三国演义》中，诸葛亮早就看出魏延有反叛之心，然而诸葛亮在世时，魏延不敢反。于是，诸葛亮授一锦囊妙计给马岱，在诸葛亮死后魏延反叛时，马岱依计行事杀掉了魏延。诸葛亮的预见性避免了重大的损失。我们在洞察敌人阴谋后，还要善于虚与委蛇，以假对假，借刀杀人，在“群英会蒋干中计”里：蒋干为探刺情况而来，周瑜故作不知，大醉与蒋同寝，又让蒋干偷了假情报有机会溜走，借曹操之刀杀了曹操的两个水军都督。周瑜巧妙地与蒋干周旋，以其人之道还治其人之身，孰高孰下，不难区分。

所谓“射人先射马，攻人先攻心”。我们在人际交往中，只要把握准了这一点，就基本可以说是无坚不摧。诚然，忠实不欺是交往之准则，但是有些时候善意的谎言和圈套也能帮助别人从忧郁中摆脱出来，找准自己的定位点，重新扬帆起航。

总之，人际交往是一个复杂的问题，不是简简单单几句话就能说得清楚的。不幸总是突如其来，让人防不胜防，这不幸有主观的，也有客观的因素。因此，我们每个人都必须做到居安思危，在一帆风顺的时候，小心背后的暗箭，充分估计困难的重大性。既要防患于未然，又要通晓于主动出击。只有熟练掌握攻守技巧，才能在社会中“如鱼得水”。你要充分了解自己，了解他人，明察秋毫，确立自己的独立人格，不卑不亢，不屈服，不妥协，不骄傲不自满，穿越重重障碍，稳步前进。

一个浅浅的微笑，却包含了一切美好的力量

微笑是世界上最美丽的表情，微笑的面容比修饰出的容妆更为美丽。一个浅浅的微笑，却包含了一切美好的力量。我放飞思绪穿梭于记忆的天空中，那一个淡淡的笑容，又将我拉回了那一幕……

眼看公交车就要到了，匆忙的我抱着一大杯可乐向车站跑去。“终于赶上了！”我一边喘着气，一边在兜里找钱，然后跳上车。我一只手抓着吊环，靠在栏杆上，仍在不停地喝着可乐。车上很安静，有的人在看风景，有的人在看书，有的人在打盹。我无聊地打量着车上的人。站在我旁边的是一个穿着淡蓝色连衣裙的大姐姐，飘逸的长发安静地垂在肩上，清秀的脸庞和透亮的眼睛，让人一看就知道是个品学兼优的乖宝宝。

正在我沉浸于这种安静的气氛中时，突然一阵急促的刹车声打破了平静，车身的摇晃让我站立不稳，手里的可乐“哗”的一声洒出来许多，正好泼在那个大姐姐的裙子上。从慌忙中回过神来的我，看到那条漂亮裙子的裙角已经印上几片褐色的可乐汁。大姐姐“哎呀”了一声，然后掏出纸不停地擦。我的脸一下子就红了，低头吞吞吐吐了半天才说出几个字：“对……对不起哦。”心情紧张极了，这么漂亮的裙子被我弄脏了，人家会怎样心疼呢？不知道她会说什么呢。这时，只见她眉头微微皱了一下，但瞬间就展开了。她抬头看着满脸窘态的我说：“没关系的，回去洗洗就可以了。”接着，眯起眼睛，弯了弯嘴角，露出一排整齐洁白的牙齿，给了我一个微笑。那一刻，我心中微微一颤，刚才还是悬着的心马上平静了。我忽然感觉那个微笑好美，那是一个天使遗留在人间的笑容，干净简单却很温暖。于是，我的嘴角也不禁上扬，以一个带有歉意而又真诚的

微笑面对着她。

车上依然是那样安静，就像没有发生过任何事。而从那一刻起，我发现了微笑所拥有的魔力。

在圣衣会里，有一位常常情绪忧郁的修女，被圣女小海瑞发现了。圣女常想帮助她脱离痛苦，但不知如何相帮，因为晚祷之后严禁谈话。她就想了一个办法：站在门口，当那位修女经过时，对她非常甜蜜地微笑一下。当圣女过世后，这位修女说："海瑞圣女的微笑消除了我心中所有的痛苦。"

一位修女要为孤儿院募款，因此特别去拜访一位富翁。

那天富翁因为股票跌价，心情不佳，又认为修女来得不是时候，于是，就大动肝火，挥手就打了修女一记耳光。

但修女既不还手也不还口，还面带微笑，注视着他。富翁更加恼火，骂道："滚！快滚！等什么？"修女微笑着说："我来的目的是为孤儿募款，我已收到您的礼物，但是孤儿们还没有收到礼物呢？"

富翁因修女的态度大受感动，以后每个月主动送钱到孤儿院去。修女的微笑改变了富翁的态度。

《圣经》上说："心中愉快，使面容焕发；心中悲伤，精神即颓丧。心情忧伤的，日日困坐愁城；心胸畅快的，时时如享喜宴。"

爱是最大的恩赐、爱是幸福的源泉、爱就是力量。微笑是爱的流露，是一份最珍贵的礼物，是自己、家庭、团体、社会幸福的主要因素。人人都会微笑，只要肯付出，就能给周围的人带来温暖。既然人类都需要微笑，我们就勉励勤修这个德行吧。人之常情在情绪低落时，嘴角自然地向下垂。神父告诉我们："在这时，把嘴角提升，这样不仅能给旁人以微笑的印象，也可以冲淡自己内心的苦闷。"

微笑好似太阳。万物生长靠太阳，若没有太阳，万物就不能生活。每天开怀大笑 20 分钟定能保持健康。以喜乐精神迎接困难的人，困难已克服了一半。

只有用微笑说话的人，才能担当重任

西方有句著名的谚语："只有用微笑说话的人，才能担当重任。"大家一定都有过类似的经历，我们不喜欢某个人或者某间屋子，只是因为这个人或者这间屋子的人总是挂着一张苦瓜脸。"己所不欲，勿施于人"，既然我们排斥这样的表情，当然平时也不要总是阴沉着脸。微笑，一个不需花费任何力量的动作，有时候却能够产生巨大的力量。有这样两则关于微笑力量的故事：

一个宁静的欧洲小镇上住着一个亿万富翁，但他过得非常不快乐。有一天，当富翁垂头丧气地在街上行走时，一个小女孩从远处走来。小女孩用她天真无邪的眼神看了一眼富翁，继而给了他一个甜美的微笑。第二天，发生了一件令所有人吃惊的事情：富翁拎着一个旅行包离开了小镇，他要到外面的世界去寻找梦想和快乐。临行前，富翁赠送给小女孩一笔价值可观的财富。富翁之所以这么做，就是因为小女孩的微笑点燃了他心中的希望，唤醒了他心中沉睡多年的快乐。很多人无法理解，一个微笑有这么大的魔力，让富翁重获希望，让小女孩获得巨额财富。

无独有偶，在苏格兰的北部海岸，有一处伸入海中的陡峭悬崖。此悬崖地处偏僻，形势险峻，时常有轻生的人选择在这里跳海自杀，因此被当地人称为"自杀海岸"。在"自杀海岸"附近，住着一位名叫肖恩·道格拉斯的退伍上校，几十年来不断把一些自杀者从死亡的悬崖前召唤回来。这位了不起的老上校究竟凭借什么力量让自杀者放弃了疯狂的念头？说起来有些不可思议，这位驰骋疆场的军人所使用的武器就是微笑。每当老人在自己家窗口发现有人企图跳崖时，他就会悄悄走过去，彬彬有礼而又不失庄重地向轻生者打招呼："你为什么不过来喝杯咖啡呢？"而那些在悬崖边徘徊的人回过头来时，看到的是一张面带微笑的善意笑脸，那慈祥、真诚、柔和、温暖的笑容，常常让对方自杀的念头瞬间土崩瓦解。此时，他会再次发出邀请："到我家里喝杯咖啡吧，我们可以聊聊天……"就这样，肖恩·道格拉斯凭借真诚的微笑，在50多年时间里，挽救了160多条生命。他也因此被称为"和死神赛跑的人"。

微笑的力量无人能挡，人类普遍喜欢观看笑脸。北京奥运会留给人们很多美好的回忆，而最具代表性的当数由焰火礼花在天空中打出的笑脸以及在世界各地搜集的笑脸。微笑是世界上最美丽的语言，正如古希腊哲学家苏格拉底所说："除了阳光、空气、水和微笑，我们还需要什么呢？"微笑可以展示幸福、快乐、希望，它更是我们拉近与他人心理距离的重要的非语言工具。在日常生活和交往中，要想使自己更具魅力，就必须用好微笑这个法宝。

人们捕捉笑脸的速度要远远快于消极的面孔。据科学家的计算，人类可以在300英尺外看到其他人脸上的微笑，这个范围相当于一个橄榄球场的面积！

公平是法庭判决的基础，但一项研究表明，法官往往会轻判那些面带微笑的犯人，这种现象被心理学家称为"微笑宽大效应"。笑容和我们大笑时的表情很相似，这时的笑容表示发自内心的快乐，表示对别人是友善的。不论是黑猩猩还是人类，这样的笑都是为了获得积极的反馈。

研究发现，人的笑容是由两套肌肉组织控制的。第一是颧骨处肌肉，它可以带动嘴巴微咧，双唇后扯，露出牙齿，面颊提升，然后将笑容扯到眼角上。第二部分肌肉是眼轮匝肌，它可以通过收缩眼部周围的肌肉，使眼睛变小，眼角出现褶皱，也就是人们常说的"鱼尾纹"。

颧骨处肌肉是人们可以有意识地控制的，在没有开心的事情发生时也可以调动这部分肌肉来制造出虚假的笑容。但是，眼轮匝肌是不受人们的意识主动控制的，因此，它调动起来的笑容一般都是发自内心的真心笑容。

要想看一个人的微笑是否发自内心，我们可以看他微笑时眼角是否有“鱼尾纹”。因为敷衍或虚假的笑容只能引起双唇四周肌肉的收缩，而发自内心的开心不仅会使双唇后扯，嘴角上提，还会带动眼轮匝肌的运动。只有这种发自内心的微笑才能感染别人。

如果在一个团体中，有一两个人情绪特别积极高涨，不一会儿之后，整个团体的人都会情绪高涨起来；而假如一个团队当中有那么一两个人情绪低落，他并不会对整个团队的情绪影响太大，除非这个团队是以他为核心的。由此可见，微笑及高兴的情绪所引起的正面反应，会比焦虑或低沉的情绪引起的负面反应的力量要强大得多，也就是说微笑具有压倒性的传染力。一个小孩平均每天会笑 400 多次，而成人则只会笑 15 次左右，这也许正是小孩为什么能给人带来更多快乐的原因吧！

真诚地赞美别人是一种美德

真诚的赞美是抓住事物的实质，不说不着边的话，让别人听起来心情好。

哲学家们对于人类关系的定理曾经思索考证了几千年，但结果只能引证出一条重要的定律。那条定律并不是新创的，而是与历史一样古老。3000 年前波斯哲人梭罗斯特把那条定律教给拜火教教徒。2000 多年前中国的孔夫子把那条定律传给门人弟子，中国道教始祖老子也曾传授这条定律。释迦在 2000 多年前也把那条定律广传给人们。耶稣也把那条定律归纳成一句可以说是全世界最重要的规律：“你希望别人怎样待你，你就怎样待人。”

你想使曾和你交往过的人都赞同你，你想要别人承认你的真正价值，你想要有一种在你的小世界中的高贵感，你不愿意听无价值不真诚的阿谀，而渴求诚挚的赞赏，所有的人都需要这些。

美国著名小说家贺尔·柯恩原来是一个铁匠之子。他一生上学不足 8 年，然而，他死时已是世界上最富有的文人。

柯恩最爱读十四行诗及短歌，因此他对英国诗人罗塞蒂的诗全部读熟，甚至还写了一篇讲演稿颂扬罗塞蒂的艺术成就，并且寄了一份给罗塞蒂。罗塞蒂很高兴，他对自己说：“有一个青年人对我的才能有这么高的评价，那么他一定是很聪明的。”因此他便函聘柯恩到伦敦当他的私人秘书。这是柯恩一生的转折点。因为他在新职位上，遇到了当代的诸大文豪。得益于他们的指教，由于他们的鼓励，柯恩遂致力于文学事业，后来他的名字为世人所熟知。

柯恩的故里格端巴堡成为世界上一些旅游者爱去瞻仰的圣地。他的遗产总值 250 万美元。然而——谁晓得——假如他不曾写那一篇称赞大名人的文章，到死时也许还只是一个默默无闻的穷人。

这便是真诚赞美的力量，伟大的力量。

一条最明显的真理，凡是生活中你遇到的人，几乎都觉得自己有比你优秀的地方。那么打动他的只有一个法子，就是让他觉得你承认他在自己的小天地中是高贵而重要的，并且真诚地称赞他。

爱默生说过一句话：“我所遇到的每个人都有优越于我的地方，我从他们那里能得到好处。”

但是生活中的有些人刚刚做出了一点成就，便对外嚣张自满，结果引起别人的反感和憎恶。莎士比亚说过：“人，骄傲的人！有一点成就、权势，便在上天之前胡作妄为，使神都为之伤心落泪。”

有一个商人，就曾因为应用了真诚赞美而获得意外的好处。他是美国康涅狄格州的一位律师杰克。

有一天，杰克驾着汽车陪太太到长岛去看她的亲戚，他太太留他陪一个老姨母闲谈，自己另外去看别的亲友。他巡视着屋里的一切，想找点值得真诚赞美的东西。

“这座房子是1980年建造的吗？”他问道。

“是的，正是那一年建造的。”老姨母回答。

“我想起来我就是在这样的房子里出生的。设计真美，建筑也好，室内也宽大。您知道现在的房子都不这样建筑了。”杰克说。

“你说得很对，”老姨母赞同道，“如今的年轻人都不讲究住好看的房子。他们只要有几小间住室，一台冰箱，再有一辆汽车，可以坐着出去兜风就满足了。”

“这是一所梦想中的房子。”老姨母柔声颤动地说，“这房子是基于爱建造的。我丈夫和我在未盖这房子前已梦想了许多年。我们并未请建筑师，完全是我们自己设计的。”

她领着杰克到各房间去参观，杰克对她一生所珍爱收藏的各种珍品如法国床椅、英国茶具、意大利名画、法国某营堡悬挂过的绒帷，都恳切地加以称赞。

她领杰克看完各屋之后，又领杰克出来到车库，那里放着一辆很新的别克牌汽车。

“我丈夫在去世前不久买的这辆车”，她柔声地说，“我从他去世以后就没有坐过……你既喜爱美丽的东西，我打算把这辆车送给你。”

“不，姨母，您使我吃惊，我感激您的仁慈，但是我不能接受您的赠予。我有一辆新车，而且您有很多更近的亲友可以赠给他们。”

“更近的亲友！”她喊道，“是的，我倒是有亲友，他们全在盼我死了好得到这辆车子呢。但是我偏不让他们得到。”

“假如您不想赠给他们，您还可以把车出卖呢。”杰克说。

“出卖？你想我会卖掉这部车吗？你想我能甘心看陌生人坐着

这辆车在街上走吗？它是我丈夫特意为我买的，我决不能卖掉它，我一定要送给你，因为你懂得珍爱美的东西。”

杰克还是想办法不接受那辆车，但是他又不便伤老姨母的心。

这位老太太，只身住在一所大房子里，披着派斯莱的披肩，对着法国的古玩，回忆她往年的幸福事，渴望得到别人一点认同。她当年美丽动人，她曾建造了一所作为爱情纪念的房子，从欧洲搜集许多艺术品来装饰那所房子，现在临到孤烛残年，她渴望得到一点人间温暖，一点真心的赞美一却没有一个人给她。于是当她一旦找到她渴望的东西，便像沙漠中寻着了甘泉，她的感激之情，并非只是把一辆新的别克牌汽车赠给人所可以表达出来的。

赞美是人与人交往的一流台词，学会了它，也就学会了口才学的一半。赞美的话最能赢得人心，你肯定别人的时候，也就得到了别人的肯定。灵活做人，就要学会适时地赞美别人，并不一定要有回报，因为，真诚地赞美别人是一种美德。

人生的目标可以变，但不能经常变

有个铁匠把一条圆锥形的铁柱放进炭炉里烧得通红，然后他拿出来放在铁钻上把它锤成一把剑。剑是打成了，可是他一点也不满意。于是他把剑放进炉火里再烧再锤，但由于损耗，已不可能再铸成一把剑了，结果他就做了一个马蹄铁。但他仍是不满意，他把马蹄铁再放进炉里烧红，但拿出来时，连马蹄铁也做不成了，他就将它打成一根铁钩。但他还是不满意，他将铁钩放进炭炉里，当他把这烧红的铁器拿出来后，他已不知可以把它打成什么器物了。在毫无头绪之下，他把这块铁器放进水里，热铁在水里发出嗞嗞之声，铁匠于是说：“我结果使它产生泡泡啊！”

如果你的人生也像铁匠这样，今天做这，明天做那，那么你的人生也只会冒几个泡泡就完了。

人生的目标可以变，但不能经常变，经常变你就将一事无成。

林肯经历了无数挫折，但仍然坚持了下来。

记得一本书上刊载过一个美国人的故事。大致内容如下：

他是一位相貌丑陋，有着蹩脚南方口音的美国人，有过短暂的婚姻，最后又死于非命。他的一生充满了坎坷和不幸，他只有过一次成功，于是他帮助了好些人。

他的故事是这样的：

21 岁做生意失败，22 岁角逐州议员失败，24 岁做生意再度失败，26 岁爱侣去世，27 岁一度精神崩溃，34 岁角逐联邦众议员落选，36 岁角逐联邦众议员再度落选，45 岁角逐联邦参议员落选，47 岁提名副总统落选，49 岁角逐联邦参议员再度落选，52 岁当选美国第 16 任总统……这个人的名字叫作亚伯拉罕·林肯。

格罗夫说："只有偏执狂才能成功。"

许多人曾对我说过这样的话："为了成功，我曾试了不下上千次，可就是不见成效。"你相信这句话是真的吗？别说他们没试过上百次，甚至于有没有十次都颇令人怀疑。或许有些人曾试过八次、九次，乃至于十次，但因为不见成效，结果就放弃了再试的念头。

成功的秘诀，就在于确认出什么对你是最重要的，然后拿出各样行动，不达目的誓不罢休。

大家都知道桑德斯上校，"肯德基炸鸡"连锁店的创办人，但你们知道他是如何建立起这么成功的事业吗？

桑德斯上校在 65 岁时还身无分文，孑然一身，当他拿到生平第一张救济金支票时，金额只有 105 美元，但他没有抱怨，而是自问自己："到底我对人们能做出什么贡献呢？我有什么可以回馈的呢？"

随之，他便思量起自己的所有，试图找出可为之处。

头一个浮上他心头的答案是："很好，我拥有一份人人都会喜欢的炸鸡秘方，不知道餐馆要不要？我这么做是否划算？"

随即他又想到："要是我不仅卖这份炸鸡秘方，同时还教他们怎样才能炸得好，这会怎么样呢？如果餐馆的生意因此而提升的话，那又该如何呢？如果上门的顾客增加，且指名要点用炸鸡，或许餐馆会让我从其中抽成也说不定。"

好点子固然人人都会有，但桑德斯上校就跟大多数人不一样，他不但会想，而且还知道怎样付诸行动。随之他便开始挨家挨户地敲门，把想法告诉每家餐馆："我有一份上好的炸鸡秘方，如果你能采用，相信生意一定能够提升，而我希望能从增加的营业额里抽成。"

很多人都当面嘲笑他："得了吧，老家伙，若是有这么好的秘方，你干吗还穿着这么可笑的白色服装？"这些话是否让桑德斯上校打退堂鼓呢？丝毫没有，因为他还拥有天字第一号的成功秘诀，那就是执着，决不轻言放弃。

最终桑德斯上校的炸鸡配方被接受了，那是在整整被拒绝了1009次之后，他才听到了第一声"同意"。

在过去两年时间里，他驾着自己那辆又旧又破的老爷车，足迹遍及美国每一个角落。困了就和衣睡在后座，醒来逢人便诉说他的炸鸡配方。他为人示范所炸的鸡肉，经常就是他果腹的餐点，往往匆匆便解决了一顿。

在历经1009次的拒绝，整整两年的时间里，有多少人还能够锲而不舍地继续下去呢？真是少之又少了，也无怪乎世上只有一位桑德斯上校，这也正是他取得成功的可贵之处。

如果你好好审视历史上那些成大功、立大业的人物，就会发现他们都有一个共同的特点：不轻易为"拒绝"所打败而退却，不达成他们的理想、目标、心愿就决不罢休。

迪斯尼为了实现建立"地球最欢乐之地"的美梦，四处向银行融资，可是被拒绝了302次之多，每家银行都认为他的想法怪异，但现在，每年有上百万游客享受到前所未有的“迪斯尼欢乐”，这全都出于一个人的执着。

我相信，只要能不断辛勤灌溉所种下的种子，执着地去做你认为正确的事情，那么你就必会走出人生的冬季，进入春季，多年看似不见成效的努力，终将会有收获的一天。

人际交往中，要敢于大声说“不”

一个人的一生中对别人说“不”的时候要比说“是”的时候还要多，尤其是在商场上，一个“是”，有时往往是无数个“不”才能换来的。

人生在世，不管身份显赫或是身份卑微，都会碰到一些求人的事。所以，作为求人的一方就难免会遭到拒绝，这一点是大家都有默认的心理准备的，所以不用担心你的合理拒绝会使对方万劫不复。当然，事物都是有两面性的，对于所有的拒绝也不能一概而论，要一分为二，具体问题具体分析。毕竟我们都不是独立的个体，是属于整个社会的，也许明天你也会遇到难题恰好需要他去帮助，因此能帮忙的我们尽量帮忙，但是想要做到有求必应也并不是件易事，我们不是万能的救世主，只是一位普普通通的凡人，有些事情做不到在所难免，拒绝，说到底也是一种无奈。

对于许多人来说，拒绝别人是一件很难办的事。当别人对他们提出要求时，他们不好意思张口说“不”，因为这样很可能会伤害对方的感情，造成两个人的关系疏远。但有时如果答应别人的要求，自己又确实有难处，或者自己会丧失许多东西。许多人在面对这种矛盾时都十分苦恼，不知该怎么办。

喜剧大师卓别林曾经说过：“学会说‘不’吧！那样你的生活

将会美好得多。”而且，巧妙地拒绝他人能显示出你对他人，也对自己的尊重。学会说“不”，才能赢得真正的交流、理解。

所以，学会对别人说“不”，学会拒绝别人，并给别人留有余地，是非常重要的。

有一家图书公司经常有很多资料需要复印，他们这方面的业务一直委托外面的一家复印中心完成。最近公司调整工作方式，决定由公司自行完成所有的复印任务，取消委托给那家复印中心的业务。

该公司委托一位业务员去向那家复印中心说明原因。当业务员向那家复印中心的老板说明意图时，那位老板的脸色变得很难看。但是那名业务员诚恳而简洁地说：“贵中心长久以来，对我们公司的业务帮助很大，对此我们非常感谢。只是由于我们公司新近采取的措施，使得我们不得不结束此项交易，我们感到很抱歉，希望你能够体谅。”

由于那位业务员明确而得体的拒绝方式，那位老板最后谅解地回答：“其实这种事情也很正常，对贵公司的决定我表示理解。假如今后还有需要我们的地方，我们仍然乐意为贵公司效劳。”

日本有位教授也曾发过这样的感叹：“央求人固然是一件难事，而当别人央求你，你又不得不拒绝的时候，亦是叫人头痛万分的。因为每一个人都有自尊心，希望得到别人的重视，同时我们也不希望别人不愉快，因而也就难以说出拒绝的话了。”但是，如果你仔细斟酌、权衡一下，觉得答应对方的要求将损害自己的利益或者感情，那就应该当机立断予以拒绝，不要为了面子而做违心的事。

有的人在拒绝对方时，总会感到不好意思因而不敢据实言明，以致对方摸不清自己的意思，从而产生了许多不必要的误会。例如，当你语意暧昧地回答说：“这件事似乎很难做得到吧！”本意是拒绝的意思，然而却可能被误认为是你同意了，之后如果你没有做到，反而会被认为你没有信守承诺。

每个人都可能遇到过这种情况：你在工作时间，或是在你正想休息一下的时候，有一个人前来缠住你，唠叨不休地向你借钱，或要求给他谋一份职业，请你帮他一个忙，一定要你答应他的要求，或者购买他的产品……但是，你无法满足他的要求，这时你要做的就是，冷静而明确地拒绝他，只有如此才能避免这些多余的困扰。

因此，大胆地说出“不”字，合理的拒绝相当必要。有的人就可以直截了当地告诉他拒绝的理由；而有的人就需要用含蓄委婉的方法拒绝，根据不同的人，我们拒绝的方式也各有不同。但是生活是无穷尽的，而拒绝的方式也是讲究艺术的。

当然，拒绝别人也要讲究方法。拒绝得法，对方没有怨言，以后仍然有合作的机会；如果拒绝不得法，会使人感到不满，甚至对你怀恨在心，不免为自己以后的发展树立了一个暗中的敌人。所以，必须要学会用智慧艺术地拒绝。

采用温和语调，拒绝不能伤“面子”

给别人面子，就是给自己面子；你希望别人怎样对待你，你就应该怎样对待别人。伤人面子，最终受害的是你自己。所以，为了保持良好的人际关系，在拒绝别人时必须采用温和的语调和同情对方心情的姿态来处理。

某公司的一位人力资源部经理讲述了这样一件事情：

有一天，一位他熟悉的教授亲自跑来找他，请求替他以前的一位学生安排一份工作。于是，这位经理便把那个学生找来面试了一下，发现他的水准尚未达到企业要求的标准。

这位经理左右为难，因为他本人当初也是通过这位教授介绍，才进入这家公司的。但是他又实在不能擅自录用一位不合乎要求的职员。于是他跟那位教授通了电话，说明了这个情况。那位教授又拜托说："如果贵公司不能采用的话，希望能将其推荐给其他关系企业。"这位经理很是为难，于是向他认识的一位社交专家请教。那位专家听后，给他提出了一个建议：先对教授称赞那个学生的优点，然后再慢慢地说出他的缺点来。因为人常常用一种充满了偏执的自尊心来行动。因此，当你与人交往时，千万不要忘记这一原则。

于是，这位人事经理再次与那位教授通话，表示愿意尽量帮忙的态度，然后讲述了他观察到的那位学生的优点，在最后提出了他不符合要求的地方。他又很率直地对那位教授说："非常抱歉！我不能满足你的愿望，还请你原谅。"

那位教授听后，连声说："你没有错，是我有点主观了。"

对你有恩的人，来拜托你做事，的确是非常难以拒绝的。不过，只要你能表示尊重对方立场，率直地讲出自己的难处，相信对方也是会谅解的。

某公司有一位做事认真、勤勤恳恳的女职员，由于她工作出色，给部门经理留下了很好的印象。后来，这位经理热心地帮她牵红线，介绍自己的一个朋友的儿子给她。这位女职员非常有技巧地拒绝了："这件事情，我恐怕要让您失望了，实在很抱歉！因为，虽然我也认为一个女人是非结婚不可的，但是很早之前，我就坚定地告诉自己：'不论任何人说亲、对象是谁，在我自己还不到26岁之前，我是不会结婚的。'更何况，您也知道现在我还是在读在职的研究生，学业尚未有所成就。我想等到我学业完成，再来谈恋爱、结婚。这完全出于我自身的考虑，希望您能够谅解。我这番话，绝对不是只说给您一个人听的。"这位女职员的"拒绝"，无疑是非常成功的。

有些人在拒绝对方时，因为感到不好意思，而不敢据实言明，致使对方摸不清自己的真正意思，反而产生许多不必要的误会。其实，在人际关系的交往上拒绝是常有的事，因此破坏交情的并不多。

倒是有些人说话语意暧昧、模棱两可，反而容易引起对方误会，甚至导致彼此关系破裂。

因此，在你拒绝别人的时候，一定要附带考虑到对方可能产生的想法，尽量明快而率直地说明实情，这才是最根本的拒绝法。

硬碰硬，只会使事情越来越糟糕

生活中，难免遇到一些麻烦的人，这些人经常给你带来麻烦事。当然，和这些人硬碰硬，只会使事情越来越糟糕。我们不妨在说话时用一种委婉的表达方式来达到我们的目的，这样既避免了冲突，又解决了问题。

史提夫 14 岁的儿子亚当，几天来都很烦躁易怒。史提夫问儿子为什么这样，亚当总是顶撞一句说："没什么，别管我！"然后悻悻地走回自己的房间。

其实烦躁易怒的人都是因为心里有困难，又自认为别人帮不上忙，所以闷闷不乐，像一只刺猬。遇到这种人，你不能和他一样烦躁。

遇到这种情况，史提夫要先问问自己，为什么亚当不肯说出真相？儿子可能是为了学校发生的事而担忧，或者他是在生父亲的气，但又不敢明言，害怕一开口批评，父亲便只顾辩白。史提夫可根据这种种可能，在下次跟儿子倾谈的时候说："我注意到你闷闷不乐。我想如果你有问题，就拿出来谈谈，这或许会对你有帮助。你或许会觉得很难开口，因为我一向都没有好好地听你说过话。如果真的是这样，我很难过，因为我爱你，绝不想令你失望。"

如果亚当仍然不肯说，史提夫不妨采用另一种策略。他可以对儿子说："我很关心你的近况，不过等你的心情好转我们再谈吧。"

这个策略令双方都能好好地"下台"。儿子的问题终归是要说清楚和解决的，现在他不愿意说，强迫他说不会有效果，采取启发和等待的态度是比较明智的。委婉的表达方式，既不伤害对方，有时也能保护自己。

有一次，在拥挤的公共汽车上，由于汽车猛地刹车，一位文雅的姑娘没有准备，猛地踩到了前面一位小伙子的脚上，由于姑娘穿的是高跟鞋，一下子疼得他无法忍受；姑娘回头看了看他，也不知如何解释。他十分生气，但还是说了一句："没有把你的脚硌疼吧。"说得姑娘十分不好意思。过了一会儿，他突然感到一只手伸进了他的裤兜里，他抬头看见对面几个流里流气的小伙子，他旁边也站了一位，他意识到了会发生什么，于是他说了一句："伙计，你把手放错了，那是我的裤兜。"说完，他感觉到那只手抽走了。

这里，这位小伙子碰上的两件事，他都用了避免直接对抗的方式。遇到别人踩了自己的脚，这只是由于车的原因，姑娘也不是故意的，所以他在这里用了自嘲的手法，将两个人的矛盾化解了，以自己为中心，而将姑娘置于旁观者的位置，豁达地开自己的玩笑。第二件事，他如果以直接的方式去做，可能会发生意想不到的后果，但是他用这种含蓄的表达方法，同样化解了冲突和意外。

一位漂亮的小姐戴着一顶很别致的装饰帽在大街上走着，几个小流氓围上来，把她的帽子抢了去，并戏谑道："小阿妹的帽子真漂亮啊。"这位小姐并没有大喊大叫，而是微笑着镇静地说："是吗？我想你们一定想给你们的姐姐妹妹也买一顶，对吗？不过，我劝你们不要买，因为她们也会像我一样被别人抢了帽子。"几句话，把对方说得无言以对，乖乖地把帽子还给了这位小姐。

有时我们为了避免自己受到伤害，往往会使用一些含蓄的话语使别人知难而退。这样的方式在为人处世中起了很大的效用，因为它既保留了他人的自尊，同时又给自己留了一条退路，缓解了紧张的交谈气氛。

成功不会垂青畏惧竞争的人

竞争可谓是人生最大的一种进，没有竞争，就不会有人生中一次次惊人的成功。

肯尼迪家族的口号："不能甘居第二。"因为有这种必胜的竞技心理状态，约翰·肯尼迪在1961年竞选美国第35任总统时，击败了实力强大的尼克松。

乔治·大卫·伍兹在一家股票经纪机构当小厮时，便萌发压倒对手，一定要在华尔街这个世界金融中心争到一席地位的坚强信念，他每时每刻保持着良好的竞技心理状态，终于脱颖而出，步步高升，直至跻身世界银行行长之职。

他们都是敢于进，敢于竞争的典型实例。

没有与人攀比的竞争意识，就不会有奋斗和进取的动力。整天稳吃大锅饭、安睡太平觉的生活如一潭死水，涌不起人生的波澜，漾不出生活的涟漪。人在这种生活里像老黄牛碾米一样，慢悠悠沉寂寂地走着，虽然也辛劳，一刻也不曾停歇，却步履艰难而迟缓，因而收益甚微。长此以往，只会使人窒息，使人意志消沉而至堕落。如此打发岁月，打发人生，不啻为人生莫大的悲哀。

以良好的心态参与竞争是积极健康的人生。

年轻人竞争中易犯的一个毛病，就是情绪上大起大落。比如一个人在一阵争强好胜激烈的心理冲击后，又感到十分悲观，一旦发现条件不如他的人都上去了，于是又自卑起来，甚至在事业上产生了垮掉的感觉。从心理学上来讲，这种感受又叫作"自卑型失意"，这种情绪如果占据了主导地位，对工作和事业是十分有害的。

还有一些人，由于失败而忌恨，甚至产生报复心理，这是极端自私的变态心理。这对于群体生活和个人的心理品质都有莫大的害处。

在生活和工作中勤于上进和学有所长的人，有时会遇到这种情形：有些比自己条件差的人却先于自己取得了某种成功，或比自己升迁得更快，或比自己更被人们赏识和器重，这究竟是什么原因造成的呢？答案之一就是缺乏“竞争意识”。

从古至今，人类总是生活在各种各样的竞争之中，达尔文的进化论，所得出的最重要的结论是“物竞天择，适者生存”。要生存和发展就要优于自己的竞争对手，这是极简单的道理。相反，某人在一定阶段先于自己进步，或者说先于自己被提拔，那么他在某些方面就必然优于自己，我们不能不承认这是客观现实。

所以，勇于竞争和善于竞争才是使自己在人群中脱颖而出和在事业上卓尔不群的基本原因之一。一味埋头赶路而丝毫不顾及其他对手情况，缺乏在社会上立足的竞争意识，则很可能落伍于同时起跑的群体。

在这个世界上，我们不可能每一个人都成为英雄，我们只是一些普普通通的人。但和那些威名显赫的英雄一样，我们这些凡夫俗子也有一个强烈的渴望，那就是给自己找个对手，让平淡的生活激荡出一些清亮亮、蓝莹莹的浪波。

瀑布寻找深潭作为对手，它在纵身飞跃的刹那，才创造出银瓶乍裂、金迸玉溅式的美丽和壮观。

钻机寻找岩石作为对手，它才在寂寞、枯燥的工作中谱写出流热溢火的壮歌，才能在单调乏味的日子里释放出自己的能量，闪耀出自己的辉煌。

给自己找个对手，从某一种意义上说，又何尝不是在检验自己的那根名叫命运的弹簧，到底能够承受住多少来自生活的重量？！

给自己找个对手，就是积极的处世和主动的竞争，就是在向人生的理想目标挺进的过程中为自己寻求底蕴、寻求动力。只有坚持争上游作前驱，才能创造出人生的辉煌。

给自己找个对手，就如同刀在寻找剑；歌词在寻找旋律；骆驼在寻找沙漠；金刚钻在寻找瓷器……

梦想要有，万一实现了呢

一个有着梦想、并看到梦想实现的人，是个喜欢抽雪茄的、精力充沛的小矮个，他梦想的源泉从未干涸过。他就是戴克斯特·雅各，一个有着极强的家庭观念和坚定的传统信仰的人。

戴克斯特拒绝了耶鲁大学给他提供的奖学金，因为他急于开始走上通向成功的道路。他的自由企业梦想开始于一罐 KooL-Aid 饮料，这种饮料很快变得广受欢迎，并且利润极大。

这个早期尝到的成功使他完全相信了自由企业制度。戴克斯特还成功地干过汽车推销员，西尔斯等公司的内部推销员，以及一个建筑公司的定量工作人员。

但是，戴克斯特和他忠诚的合伙人波德埃，直到在一系列条件促使下，于 1968 年 11 月 1 日联合建立了密歇根艾姆卫广告公司之后，他们才开始了事业上的突飞猛进；他们的发展和成就一直稳步向前，并且成果蔚为壮观（我没有说这一切都来得很容易）。

今天，他们事业的发展规模，使他们完全可以接受三星级发行商的头衔。戴克斯特也曾有过希望破灭、梦想破碎的过去，但他们一直以巨大的热情投入到每天十几个小时的工作中，辛勤的劳动终于换来了梦想成真。今天，戴克斯特的公司已遍布全球，他们的职员已达几万。

但是，戴克斯特的成功，并不仅归功于他组建艾姆卫之后所做的事情，还要归功于他早年建立的基础。这些基础就是以诚实、个性、爱心、忠诚、团结以及对全能的上帝的信仰构成的精神支柱。

在戴克斯特的头脑里，他一直确信成功会向他招手，于是，他为此做好了充分的准备。当机遇来临时，他紧紧抓住，使梦想变成了现实。

戴克斯特知道他的梦想一定能实现，因为他的梦想从诞生起，就一直生机勃勃，充满活力。然后他培育它、浇灌它，使它渐渐长大、成熟。最后，它终于变得强壮有力，支撑戴克斯特取得了巨大的成功。

在成功的路途中，戴克斯特的职员们为他们的事业付出了他们的所有（勤奋、奉献等），因此，他们也必然得到了很多（经济保障，1100英尺、带有七个卧室的漂亮的住房、游泳池、大型汽车、汽车房、钻石戒指等等）。

波德埃这样来总结他们的梦想和成功："如果你为自己要付出的和要做的设置了一个限度，那你就只能达到这个高度。"

戴克斯特正是由于没有给自己定下一个限度，而是毫无限制地投入、付出，所以他的成功便没有止境。

从前有一个穷孩子，父亲是鞋匠。父亲去世之后，母亲为了生活不得不带着他另嫁他人。

有一天，他去觐见王子，他满怀希望，在王子面前唱诗歌、朗诵剧本。表演完毕后，王子问他想要什么赏赐，这个穷孩子大胆地提出要求："我想要写诗剧，而且在皇家剧院演戏。"

王子把这个长着小丑般大鼻子的笨拙男孩从头到脚看了一遍，然后对他说："能够背诵剧本，并不表示就能够写剧本，那是不相干的两回事，我劝你还是去学一门有用的手艺吧！"

但是，这个穷孩子并没有因此而放弃自己的理想。他回家以后，打破了自己的储钱罐，向母亲和从不关心自己的继父道别，离家去追寻自己的理想。这时候，他才14岁，但他相信，只要自己愿意努力，安徒生这个名字一定会流传千古。

他到了哥本哈根，挨家挨户地按门铃，几乎摁遍所有达官贵人的门铃，却没有人赏识他，衣衫褴褛的他落魄街头，却仍不减他心中的热情。

终于在 1835 年，他发表的童话故事吸引了儿童的目光，开启了属于安徒生的新的一页；后来，他的童话故事被译成多种文字，除了《圣经》之外，没有任何一本书比得上。这时，他离开家已经 16 年了。

梦想深深地震动了无数人的心灵，这个梦想需要几百万个脚步去丈量。

赞扬注意分寸，真心赞美才感人

曾有一种说法一度颇为流行，那就是“赞扬能使羸弱的躯体变得强壮，能给恐惧的内心以平静和信赖，能让受伤的神经得到休息和力量，能给身处逆境的人以务求成功的决心”。

实验心理学对酬谢和惩罚所做的研究也表明，受到赞扬后的行为，要比换作训斥后的行为更为合理，更为有效。关于赞扬为何能促使动物和人类获得提高，这在科学上尚未完全搞清楚，不过，赞扬确实能释放出动物和人类的某种能量来。

你如果通过真诚的赞扬来激励对方，来给对方打气鼓励的话，那么对方无论是孩子、妻子、丈夫，还是下属、上司、职工等，都会自然地显示出友好和合作的态度来。赞扬之于人心，如阳光之于万物。在我们的生活中，人人需要赞扬，这是出于人的自尊需要。经常听到真诚的赞美，感到自身的价值获得了社会的肯定，有助于增强自尊心，自信心。

最有效的赞扬不是“锦上添花”，而是“雪中送炭”。最需要赞扬的不是早已美名天下扬的人，而是那些自卑感很强、被错当成“丑小鸭”的“白天鹅”。他们平时很难听到一声赞扬，一旦被人当众真诚地赞美，就有可能尊严复苏，自尊心、自信心倍增，精神面貌焕然一新。对于任何一个最值得赞扬的，不应是他身上早已众所周知的明显长处，而应是那些蕴藏在他身上，尚未引起重视的优点。这种赞扬，为进一步开发他潜在的智慧与力量开辟了一个新领域，有助于他在攀登事业高峰的征途上更上一层楼。

赞扬的效果还在于见机行事、适可而止，真正做到“美酒饮到微醉后，好花看到半开时”。

作为丈夫，当你下班后走进家门，看见娇妻已经为你备好晚餐，你只要深情地望她一眼，说一句“看到桌上的菜，我就饿了”，她一定会心花怒放的。倘若你酒足饭饱之后才说一句“你今天回来得真早”，这时的效果，已经是雨后送伞了，她还能感受到你当时就有的那份感动吗?

吹牛拍马的人，总是通过甜言蜜语、花言巧语，使对方在不知不觉或轻松愉快中入耳入脑而变得春风得意或忘乎所以。有时，一个人做了一件事情，自己吃不准是对是错，如果有人趁机恭维几句好话，你就会飘飘然，大有“深获我心”的知遇感，不禁发出“知我者唯你也”的慨叹。再说，古今中外能够“闻过则喜”的人实在太少，听到别人赞美自己而欣然大悦的人倒是太多，“闻过则喜”的首创者也未必真能“闻过则喜”。在这种社会心理环境下，虽然明知阿谀奉承的人大都言非心声，甚至可能别有用心，却仍然愿意或乐意姑妄听之，自我陶醉，这也叫“一个锅要补，一个会补锅”。这大概就是对阿谀谄媚既怀深恶痛切之心又有洗耳恭听之意的主要原因。

冲着人们这层心理，酒家、舞厅的服务小姐对待上门捧场的客人，左一句“老板”右一声“董事长”的，不知提振了多少男人的心。她们口中的称呼虽是职业性的奉承，仍令承受者飘飘欲仙，有如真当了老板、董事长。

一个挣薪水的人突然成了老板，其心中的快活自是不在话下，即使短暂，也心满意足。可长久以来我们习惯于这样衡量人：爱夸赞的人是虚伪的；爱挑错的人是真诚的。后者难能可贵，所以有成语“闻过则喜”“攻错之谊”等。我们是那么怕吃亏上当，以致神经过敏，听到赞美自己的话，就疑之入骨；同时留心自己绝不轻易称赞别人，免得落下“嘴儿甜”之坏印象。

赞美的话语一般来说都是善意的，不是来捧杀你的。即便溢美之词也大多是好意，效果也通常是好的。一棵小歪脖树，你夸它美丽，它绝不会盲目自大起来，往更歪了长，而是会竭尽全力直起身子来。一个跛脚孩子，你说：“啊，多美丽的孩子啊！”（这话显然不符合事实）这孩子听了绝不会昏到认为越跛越美丽，而是会加倍锻炼矫正自己。相反，你见面就说一句符合实际的话：你这个病孩子！他没准会变成瘫痪。孩子越夸越聪明！不信你试试。孩子如此，大人也是一样的。一电视剧里演员们表演个个舒展自如，我问导演诀窍，导演说：一段拍下来，我先说“好”！不管好不好我都做惊喜状说“好”，然后再具体指点。我听了受教良多也颇认同。我们还有另外的俗话：好言一句严冬暖，恶语一句六月寒。这好言窃以为不是指逆耳忠言，多半是指夸赞的话。你赞美了一个人，比如一句：“你的衣裳好漂亮！”被夸者如果是位教师，则他的学生那一天会多得到老师几个亲切的微笑；他若是位医生，则他的患者那一天就有福了。

生活中，赞美不仅能改善人际关系，而且能改变一个人的精神面貌和情感世界。赞美的过程，是一个沟通的过程。通过赞美，得到了对方的欣赏和尊重，自己享受了自尊、成功和愉快，精神面貌犹如芝麻开花，充满着盎然的生机。

另外，“人非圣贤，孰能无过？”但这个“过”怎样指出来，也是一门艺术。批评他人时，一定要讲究策略。一时冲动就口无遮拦，是十分愚蠢的做法。我们需要真诚的赞美，也需要善意的批评。

总之，处于纷繁复杂世界中的我们，做事说话时一定要小心谨慎。在赞美别人的同时，要注意分寸并且要是真心的，只有这样，才能感动别人，不会有做作之嫌。

Part 4

行事果断，拒绝做『不好意思』的人

自信是走向成功的第一步，信心对于立志成功者具有重要意义。有人说：『成功的欲望是创造和拥有财富的源泉。人一旦拥有了这一欲望并经由自我暗示和潜意识的激发后形成一种信心，这种信心便会转化为一种积极的感情。』它能够激发潜意识释放出无穷的热情、精力和智慧，进而帮助其获得巨大的财富与事业上的成就。

拒绝不合理请求的艺术

所谓不合理请求，就是对于请求者所请求的事情，自己无法接受。因而对于不合理的请求，理所当然应该拒绝，但为了不伤和气，就要掌握一些拒绝他人不合理请求的谈吐艺术。

1. 物理法

所谓物理法，就是以“物理条件无法更改”作为挡箭牌，来拒绝对方的要求。一般作为物理理由的是空间和时间的界限，因为这两者都具有难以为人所左右的特性，所以，当你以物理界限为由拒绝时，请求者是束手无策的。

有个衣冠不整的人来到某个大饭店投宿，柜台人员打量他的穿着后，如果说：“本店不收留可疑人物。”这很可能会引发一场纠纷。但如果说：“真抱歉，房间都已客满，欢迎下次再光临。”就不会遇到什么麻烦了。

2. 模糊法

所谓模糊法，就是用模糊语言来拒绝他人的请求，这种方法看似对请求者有了交代，但实质上信息为零，效果也为零。

1945 年，美国在日本投下了两颗原子弹后，美国新闻界谈论得突出的话题是猜测苏联有没有原子弹，以及有多少原子弹。因此，当苏联外长莫洛托夫率代表团访问美国时，在下榻的宾馆前，便被记者们团团围住了。有记者问莫洛托夫：“苏联有多少原子弹？”“enough！”莫洛托夫绷着脸仅用了一个英语单词回答。莫洛托夫回答的“足够”，就是模糊语言，从表面上看，他是回答了记者的提问，但实际上，记者们并没有得到真正的信息。莫洛托夫的拒绝可谓一箭双雕：既回避了有多少颗原子弹这个当时不便公开的秘密，又表示了苏联人民的自尊和力量。

3. 推诿法

所谓推诿法，就是以别人的身份表示拒绝。这种方法看似推卸责任，却很容易被人理解：既然爱莫能助，也就不便勉强。

有个女孩子是个集邮爱好者，她的几个好朋友也是集邮迷。一天，有个小朋友向她提出要换邮票，她不同意换，但又怕小朋友不高兴，便对小朋友说："我也非常喜欢你的邮票，但我妈不同意我换。"其实她妈妈从没干涉过她换邮票的事，她只不过是以此为借口；但小朋友听她这样一说，也就作罢了。

4. 搪塞法

搪塞法，顾名思义，就是用一些没有多少价值的东西去敷衍塞责。

所以，大胆地说出"不"字，是相当重要却又不太容易的课题。有人喜欢你直截了当地告诉他拒绝的理由；有人则需要以含蓄委婉的方法拒绝，各有不同。

以下是几种如何说"不"的建议：

直接分析法：直接向对方陈述拒绝对方的客观理由，包括自己的状况不允许、社会条件限制等。通常这些状况是对方也能认同的，因此较能理解你的苦衷，自然会自动放弃说服你，并觉得你拒绝得不无道理。

巧妙转移法：不好正面拒绝时，只好采取迂回的战术，转移话题也好，另有理由可以，主要是善于利用语气的转折一温和而坚持一绝不会答应，但也不致撕破脸。比如，先向对方表示同情，或给予赞美，然后再提出理由，加以拒绝。由于先前对方在心理上已因为你的同情使两人的距离拉近，所以对于你的拒绝也较能以"可以体会"的态度接受。

不用开口法：有时开口拒绝对方也不是件容易的事，往往在心中演练N次该怎么说，一旦面对对方又下不了决心，总是无法启齿。

这个时候，肢体语言就派上用场了。一般而言，摇头代表否定，别人一看你摇头，就会明白你的意思，之后你就不用再多说了，面对推销员时，这是最好的方法。另外，微笑中断也是一种掩体的暗示，当面对笑容的谈话，突然中断笑容，便暗示着无法认同和拒绝。类似的肢体语言包括：采取身体倾斜的姿势，目光游移不定、频频看表，心不在焉……但切忌伤了对方自尊心。

一拖再拖法：如果已经承诺的事，还一拖再拖是不明智的，这里的一拖再拖法指的是暂不给予答复，也就是说，当对方提出要求后你迟迟没有答应，只是一再表示要研究研究或考虑考虑，那么聪明的对方马上就能了解你是不太愿意答应的。其实，有能力帮助他人不是一件坏事，当别人拜托你为他分担事情的时候，表示他对你的信任，只是自己由于某些理由无法相助罢了。但无论如何，仍要以谦虚的态度，别急着拒绝对方，仔细听完对方的要求后，如果真的没法帮忙，也别忘了说声“非常抱歉”。

总之，人在社会生活中，一定要拒绝某些人或事，所以，就要学会拒绝的技巧。聪明的你，看过上述方法，一定有所收获吧。

面对正确的批评，要坦然接受

当你被一只恶犬在后面穷追时，你将怎样做呢？你怕它，拔腿就跑吗？不行，你越是跑得快，他越是追得紧，说不定等它真的追到了你，便张开血盆大嘴，狠狠地咬你一口，咬得你皮破血流，再也跑不动为止。

在这种场合，究竟应该怎么办呢？有些经验的人一定知道：立刻站住，转过身去，面向着狗。这时，那个势利的畜生也会立刻停住不追，在不远处瞅着你，说不定还会对你摇摇尾巴，伸伸舌头，表示它是认错了人，对你并没有恶意。

别人的批评就像那只狗一样，它们开始向你攻击后，便立刻留心你是否心虚胆小而想逃避。如果你不留神，暴露了这些弱点，它们就会觉得你的罪状是千真万确、毫无回转余地的，同时它们的穷追疾赶，也就无所顾忌、变本加厉起来。但是，如果你应用了第二个对付狗的方法，受了批评，立刻转身相向，你没有过错，它们便会销声匿迹。即使你确有过错，这样做，也可以表示你承认错误，而且准备立即改正。

坎普是美国早期的政界名人，当他首次在众议院发表演说时，因为刚从伊利诺伊州赶来，衣冠打扮未免有些土里土气。现场听众中有一个言辞犀利、善于幽默讥讽的议员，在他演说中途，插口说道："这位从伊利诺来的新客人，衣袋里一定还藏着满满的雀麦哩！"几句话说得在场的听众全都大笑起来。假使换了别人，一定会感到万分难堪，以致面红耳赤，甚至还会恼羞成怒了。但坎普先生怎么回应呢？

他深知那位议员对他的讥笑并未过分，因为自己确实土得可以。所以他很坦白地回答说："没错，我不但衣袋里装满了雀麦，而且头发里还藏着许多种子哩！我们住在西部乡间的人，多半是土头土脑的，不过我们所藏的雀麦和种子，却常常能够长出很好的幼苗来。"

这短短的几句锐利的驳斥，使坎普的大名轰动了全美国，有人给他起了一个外号，叫作"伊利诺伊州的种子议员"。

坎普因为先有自知之明，所以敢对别人的批评给予侧面的反击。他毫不掩饰自己的缺陷，使人知道这种缺陷不但微不足道，有时反而还是个优点。

聪明的人有自知之明，知道自己绝不是一个十全十美的人，多少会有缺陷。因此，这些缺陷一经他人道破，便应坦白接受，绝无逃避躲闪的必要。有许多人一旦经受别人批评，便立刻面红耳赤，羞愧得手足无措，也有人被人指出了错处，却视若无睹，既不承认也不加反驳，一点也不在意。这两种习惯是我们应该积极改变的。人家道破了我们的缺点，正是给我们一个当场纠正的最好机会。假使许多人知道从前给他们的某种不好的印象，此后将不再发生了，何必一定要引以为愧，或是厚着脸皮置若罔闻呢？

忠言也要顺耳，提建议要把握分寸

俗话常说：忠言逆耳。但反过来一想，虽是忠言，但能顺耳又何必要逆耳呢！作为领导，他有他的自尊和权威，决不容外人任意侵犯。即使他错了，也决不容他的下属使他面子扫地。所以，向上司提建议时一定得把握分寸，不可鲁莽。

国外不少现代企业，采取了许多方式，从企业内部发掘人才。其中较有影响的就是所谓“合理化建议”活动。比如，日本的本田技研工业公司就规定，2500名职员全都有义务向领导提出“合理化建议”，提得越多，所受的奖励和得到晋升的机会也就越多。公司经理及下属的各部门委员会的成员，以及公司研究中心的成员大部分是从“合理化建议”活动的优秀“发明者”中选拔出来的。公司董事长把这种活动作为生“才”之道，将企业的每个成员都视为“吾师焉”。本田本人就说过：“从一定意义上说，我的企业对我来说已变成一所大学。我在这里是一名比在学校里时好得多的学生，我所有同事都是我的老师。我通过向他们提出问题进行学习，因为他们一每个人在其专业方面一对实践中的具体都比我知道得多。”由此可以看出，善于提出各种建议对你得到晋升起着很大的作用。

1. 上司征求你对他的意见时，要具体分析

如今，不少当头的为了发扬民主，及时发现自己工作中的不当

之处，总是主动地找自己的下属了解情况，征求他们对自己工作的意见。在这种情况下，人们如果真是对上司的工作或本部门的现状有一些看法，要不要向上司和盘托出呢？这取决于你对上司的认识和了解，毋庸讳言，有些人尽管总是喜欢向下属征求意见，也的确采纳人们正确的看法，但并不真正喜欢爱提意见的人，这样做不过是装装门面。对于这种上司的征求意见，你当然应该慎重，不要被一时的表面现象迷惑。另外，凡是一个新来的上司，也常常喜欢首先深入群众，掌握第一手资料，从而征求人们的意见。此时，你也最好是比较客气地推辞。这并不是说害怕承担责任，也不是不协助上司工作，而只是如何承担和协助的问题。如果是你比较熟悉和认识的上司，知道他的这种做法并不是形式，而是真心实意，则完全可以实言相告。如果是你不大熟悉或认识不够的上司非要你提，且态度也的确十分诚恳，在这种情况下，一味地推辞，或婉言拒绝，都是不合适的，而且，这也容易引起上司的不满，并从中知道你肯定有看法，只不过不愿提而已。所以，在这种情况下，你也不妨通过合适的形式表达你的一些看法。

最后，你还可以通过不直接针对上司，而是指出本部门中的某些不良现象来暗示上司工作的不力。这样，既可以顾全其面子，也能够起到表达自己意见的作用。

2. 要掌握好提意见的方式

上下级在交往时，难免因为认识水平的不同、处理问题的方法等产生一些矛盾和分歧。可以说，上级并不总比下级高明，也有因为认识不清，判断失误，以及个人私心等做出不正确的事来。在这种情况下，下属有时也可以向上级提出不同意见和建议。问题是这样的意见怎么个提法呢？你可以试着先了解他的思想、动机、性格等方面，同时通过各种渠道和途径来了解上司做出决定的指导思想和具体看法。然后根据这些提出自己的意见及可行性论证，请上级予以参考。而且在提意见的时候还要选择适当的环境和场合。选在领导心情好的时候，特别注意不要在公开场合将上级的意见全盘否定和公开指责，更不要在背后议论你的上司的不足，或在更上级的领导面前批评你的顶头上司。因为这公开的行为会被视为无礼或公开挑衅，而这背后动作会视为招惹是非、卑劣行径。顺便插一句：诚实、正直、善良、忠厚、勤勉、表里如一、踏实肯干、助人为乐，这些做人的基本道德，也是下属赢得上司好感与欢心的有效“手段”。所以，千万注意提意见的方式和场合。

3. 怎样使你的建议被采纳

在提出方案和建议前作为一般原则，首先，应整理好使方案和建议能得到采纳的诸多条件，注意提出的方案和建议要对全局有益。通常，尽管方案本身不错，但因人们对提案者个人有看法，因而好方案也易被否决；仅对部门和小集体有利的方案一般也如此。其次，方案和建议必须引起对方关心，要分析对方的心理和态度，有价值却不能引起人关心的方案是不易被采纳的。如果你的方案与上级和集体的关心相悖，那它再高明，也不会被接受。因此，日常就应了解上级和集体所关心的是什么。最后，平时应取得群众信赖。平时口出戏言，作风松散，群众不以为然者，突然提出建议，哪怕他苦口婆心地解释也必受到反感。

另外，就是掌握时机的问题。当领导忙于工作或心情烦乱时，提出的建议往往被以“等等再说”一类的话支开。在一个集体和组织中，如果大家正为一个会忙乱不堪时，就要待状况好转后再说。掌握时机还有个事先“吹风”的问题。突然提出新的方案会使对方在毫无准备中不知所措，事先以某种方式做个预告，对方会有一个正确对待的态度。

4. 提建议的各种忌讳

为了使你的建议得到上司的采纳，在提建议时，应注意以下几点：

（1）不可抱着改变对方主意的心情和他争论，也不要试图去“赢”这场争吵。只要陈述自己的观点就可以了，但也不应该让人感到你在说教。

（2）强调共同之处。差不多任何争执，都有某些双方同意的见解，应该强调这些；如果过分强调分歧的意见，必然使对方不服。

（3）不要以表达不同见解来证明自己高人一等。

（4）在你不同意对方的意见之前，必须要先了解对方的立场，以求没有误解对方的意思。不过，在未澄清之前，切忌假定意见已有分歧。

（5）有其他人在场时，不要提出使对方感到为难或难堪的意见。

（6）保持愉快态度，不要表露出愤怒、不耐烦的情绪。声音要保持温和、愉快，避免打断对方的讲话，不要用皱眉、摇头等动作。

（7）在表达意见的时候，要具有选择性，如果在一切事情上都挑剔，人们很快就不愿听你的话了。

（8）在提建议时，不要贬低别人。

5. 把自己的建议变成别人的建议

当威尔逊做总统时，在他的顾问班子中间，唯有霍士最得其信任。别人的意见，他常常很少采用，或是根本不采用，而霍士却屡屡进言得以采纳，后来霍士做了威尔逊的副总统。霍士自述说：“我认识总统之后，发现了一个让他接受我的建议的最好办法，我先把计划偶然地透露给他，使他自己感兴趣。这是在一次偶然的机会中发现的。我有一次去谒见总统，向他提出一个政治方案，可是他对此表示反对。但是几天之后，在一次筵席上，我很吃惊地听到他将我的建议当作他自己的意见而发表了。”

霍士不但使威尔逊自信这种思想是自己的，后来他还牺牲了自己许多伟大的计划，让给威尔逊来获得民众的拥戴。那么，霍士怎样把计划移植到威尔逊心中呢？他常常走进总统办公室，以一种请教的口吻提出建议："总统先生，不知道这个想法是否……你不觉得这样做还有什么不妥吗……我们是不是这样……"就这样，霍士把自己的思想不露痕迹地灌入威尔逊的大脑，使他从自己的角度考虑这些计划，加以完善并付诸实施。

凡是领袖人物，都明白要别人采纳自己的主意，通常是得不到任何报酬的，而且当时也没什么愉快可言，而以后得到的亦只是一种能力——驾驭的能力。但有才干的人常常情愿牺牲自己的虚荣心，而求得自己的主张被采纳并付诸实施。他们所高兴的，只是看到自己的主意受到信任、采纳和实施，而不在乎以谁的名义发表、实施。

6. 巧妙说出与上司相反的意见

上司需要意见，每一位上司都不是万能的神，有些问题连他们都解决不好，故上司需要下属经常向他提出好的意见。

对于那些强力相谏的人，上司头疼的不是他提的意见，而是意见的提出方式。

"主任，你刚才说的观点完全错了，我觉得事情应该这样处理……"或者"主任，你的办法我不敢苟同，我以为……"这些方式首先否定了主任意见的全部，自然，后面的观点让上司觉得脸上挂不住，故一开始就产生了对下属好的意见的抑制思想。

如果能抓住上司意见中的某一处被你认同的地方，加以大力肯定，而后提出相反的意见则易被接纳。因为你一开始肯定上司意见的某一处价值，就已打开了进入上司脑中意见库的大门。例如：

"主任说得对，在 ×× 方面，我们的确应当给予充分的重视，这是解决问题的前提之一。我认为，除此之外，我们还应当……"后面提了观点，而后重点在于论证过程，说理、举例、指出不这样做的后果，让上司意识到你的观点从实践上更加可行。

结束发言之时，别忘了强调你提出相反意见的出发点：

"故我想，如果真能这么做的话，排除这个问题不费吹灰之力，公司也能以更高的速度发展。”

听了这话后，上司会意识到你的一切意见的最终目的，都是为了公司的前途，也就是大家的前途。

千万不要看到上司脸色不好就忙不迭地改变观点。坚持自我，但不坚持高姿态的发言方式，上司会明白你的苦心孤诣的。

不要轻易许诺，轻诺必寡信

不要轻易相信许诺，尤其是空口无凭的诺言更加不可信。保持平和的心态面对你所遇到的问题，正确判断诺言的可信度，然后以不同的态度去对待。

对于在公司中，你可能会遇到这样的情况：上司答应你一件事情，可能是提升，可能是加薪，也可能是给你什么别的好处。但是经过一番努力争取之后，你得到的也许只是借口或者沉默。

轻诺必寡信，许多人很容易就许下诺言，但很难看到他实现诺言。坦白地说，你的利益与公司所关注的利益相比，简直比九头牛身上的一根毫毛还要轻。也许上司的许诺是真实的，你提醒一下他，他会实现诺言，使之兑现。但是，如果上司在许下诺言的时候，就明摆着想逃避兑现，躲避麻烦，你也毫无办法。即使你感到非常气愤，认为自己不够受重视，顿时血压上升，可这都无济于事，因为你根本就不敢提醒上司，让他实现诺言。你甚至怀疑起了自己的记忆力：上司确实说过，他会向董事会推荐我的建议。没错，他肯定说过。但他为什么不兑现呢？是他太老了，记忆力不好呢？还是他根本就不在意我，不在意我的贡献？

面对着这些毫无诚意的，被遗忘的诺言，你该怎么做呢？你又该如何保持你的自信，维护你的自尊呢？

先设想一下，当前的局面只是一个误会的结果，力图使自己保持平静：切记，指责上司背信毁约不但会使你当时无地自容，而且还会扼杀你以后工作仕途上的机会。接着搞清楚上司的位置，搞清楚你自己所处的位置。

1. 消减全神贯注或心不在焉的可能性

装作很若无其事的样子，跟上司聊聊天，向他问一些问题，借此流露出你的意图，含蓄地表达你的意思。这不但可以放松你紧张的心情，而且可以避免你的尴尬。

2. 尊重事实

设想毕竟只是设想，它不是事实，把真相和你推断的东西划清界限，和上司进行一次交谈。面对面的交谈会使你们相互明白对方的意图，来消除你的误会，推翻你的错误假定和设想。

3. 综合一下你们的观点

双方都说明白以后，综合一下你们的观点，提一些诸如上司兑现诺言可以使你们双方盈利的建议。

在这种情况下，保持心态的平和是最重要的。要聪明地利用和上司一起工作、谈话的机会，挖出你想知道的东西。如果你一味地任人宰割，那你只是一个懦夫。但如果你能够面对现实，机智、平心静气地解决问题，那么你就是一个优胜者。

自己的利益，不可轻易放弃

保护自己权益不受侵犯，是你必须做到的。不要畏惧权势，是你的就一定是你的！你的努力结果只属于你！

当你把关于降低费用的计划书交上去的时候，上司什么意见都未发表，既不同意，也不反对，就是简单地“嗯哼”两句糊弄过去了。

然后，他向上级汇报了他的计划，但绝口不提这是你的建议，你的主张。

别生气！放松，当你意识到上司的这一举动正显示了你的智慧和他的无能，你就舒服多了。如果这只是他下意识的举动，那么上司日后必然乐于和你交往，共同探讨问题，可能上司会感谢你。但即使不是发自内心地真诚地感谢你也无所谓，就像银行的钱一样，已经开始生息了，上司已对你开始感兴趣了。

有时候，上司会挪用一下你的观点计划，把它占为己有。不幸的是有些上司比较老谋深算，他们一旦占有了你的智慧结晶，就把你扔到九霄云外，根本不会顾及你的利益。然而，有一点是肯定的，你的上司已经盯上你了。所以乐观地说，你是一个有价值的人。抛开一切杂念，重新开始你作贡献的历程。

这时的你该做什么？

改变以往的方式，不要让上司总是“白吃”你的“人生果”。你应制订一个计划，让所有人都知道你的计划，并认可你的计划。

（1）把你的计划分成两个部分——你在做的计划以及你不愿被别人挪用的计划。

如果一些上司大言不惭地说计划是他们做出来的，那么，适当地改变一下做事的规则和步骤对你大有好处。继续悉心“栽培”这些建议、计划，并让他们在上司的眼里“茁壮成长”。但你得时不时地提醒上司，这都是你“种”的。不需要太直接，暗示就可以了，聪明的上司一定会明白你的意思。

（2）在“组委会”或者全体职员大会上，提出富有远见的、创新的观点。尽量接近那些有着影响力的权威人士，或者给上司递交一份手写的建议，把复印的材料送给其他具有影响力的人事部门。

如果上司“偷”了你的计划把它据为己有，你应该觉得备受鼓励。你就应该觉得你很有智慧，而且你所做的计划很实用，很有必要。

然后进入下一步，当其他人（尤其是些重要领导人）在场的时候，呈现自己的观点。这样既可使世人知道你很有才华，又可让你的上司知道，你并不是一个忍气吞声的懦夫，你将会被视作一个优胜者。

不要总把自己看成一个牺牲品一你已经开始吸引众人的目光。不要总等着别人来找你——机会总是降临在那些有准备并愿意主动出击的人的身上。不要总想着改变别人错误繁冗的方法——有时候“忠言逆耳”未必“利他行”，没准儿他还对你怀恨在心。为了维护你自己的利益，你要紧跟着你所需要的帮助，享受着你应有的待遇。对于那些你认为很重要的东西，千万不要放手。这时候，坚持不懈和执着是最重要的。

遇强示弱，遇弱示强

古语云：木秀于林，风必摧之；堆出于岸，流必湍之；行高于人，众必非之。俗话说，人怕出名猪怕壮。猪养壮了，必定是一刀的结局；人出名了，必会招人嫉妒，是惹祸的根由。所以，善于处世的人应该懂得在名利两字上瞻前而顾后，适可而止，有所节制。

所以说，我们在逆境中要善于保全自己。怎样才能有效地保全自己呢？下面是一些参考：

1. 善用“拟态”和“保护色”

由于有“拟态”和“保护色”，大自然的各种生物才能代代繁衍，维持起码的生存空间。而一般来说，会拟态的生物往往兼具保护色，因此又会拟态又有保护色的，生存条件较只有保护色的要好。

在人的世界里，也有“拟态”和“保护色”的行为，最具体的例子便是间谍。从事这种工作的人要隐藏自己的身份，并且要避免被人识破，他们所使用的“拟态”和“保护色”就是在角色扮演上尽量和周围人接近，让人分不出他是“外来者”。所以间谍要执行任务时，都要先模拟当地的生活，穿当地的衣服，说当地人的话，吃当地的食物，研究当地的历史、民俗，为的是把自己“变成”那里的人，以免被人辨识出来。这是人类对“拟态”和“保护色”的运用。

你不是间谍，也不太可能有机会当间谍，可是在人性丛林里，你有必要对“拟态”和“保护色”有所了解，并且学会运用。尤其当你和周围环境相比，呈现明显的“弱势”时，更应该好好运用这两种大自然赋予生物的本能。例如，初到一个新单位，应尽量入乡随俗，认同这个单位的文化，随着这个单位的脉搏呼吸，也就是说，遵守这个单位的“规矩”和价值观念。这是寻找“保护色”，避免自己成为与周围环境格格不入的鲜明目标，否则会造成别人对你的排挤。如果你特立独行，自以为是，那么苦日子必定跟着你。当你的颜色和周围环境取得协调后，你也已成为这个环境中的一分子，而达到“拟态”的效果。到了这个地步，起码的生存环境就已经营造完成，也就不致发生问题了。

“拟态”的特色之一是静止不动。有保护色，又静止不动，那么谁也奈何不了你。因此在人性丛林里，你为了避免不必要的灾祸，必须严守“静止不动”的原则，也就是说，不乱发议论，不显露你的企图，不结党结派，好让人对你“视而不见”，那么就可以把危险降到最低程度。

“拟态”和“保护色”的本能是生物演进的结果，“弱者”有，“强者”也有。“弱者”是为了自身安全，“强者”是为了不让“弱者”发觉。大自然的奇妙，其实也一样存在于人性丛林之中，好好体会。

2. 有时不妨搞一点体面的“小骗局”

英国人文主义者阿谢姆说：“在适当的地方说适当的谎言，比伤害人的真话要好得多。”可见，说谎也是人类生活中不可避免的现象，是一种自我保护的生存计策。

适当的谎言可以体现为以下三种表现方式：

其一，以虚掩实。

在适当的时候，可以用善意的谎言去掩盖真实。当然，这里所说的“虚”和“实”都是相对而言的。为了谋得一份理想的职业，在推销自己的过程中，可以利用自身的优势去求职。在表现你的优势时，有不同的表现方式，善意的谎言就是表现方式之一。

一位中文系硕士为了能在外贸部门谋得一份职业，说自己是外语系毕业的硕士生。当然，他的外语水平的确不错，通过五关，斩了六将，他得到了这份工作。他是外语系毕业是虚，中文系毕业才是实，可他的外语水平很高，又是实。如果他告诉主考人说自己是中文系毕业的实话，那么在众多的求职者中，尽管他的水平出类拔萃，恐怕连第一关也过不了。但不管怎么说竞争还是凭实力的，为了让你的实力被人承认和欣赏，是可以用一些适当的谎言的。

其二，以实掩虚。

有时需要用部分真实来掩盖谎言，使说出去的谎言能够掩盖虚假之处，给人一种十分真实的感觉。

比如，身材矮小的人易给人一种真实感，因为身材矮小是对方当场就能看到的事实，这是一种真实，通常容易使别人产生错觉，觉得他所说的话也是真实的。有一个小个子年轻人就喜欢说：“我们矮人不说大话。”实际上他是用身体矮小的真实掩盖说话中的虚假之处。

其三，虚实相间。

我们常听有人抱怨别人或自己的朋友说，不知他说的话哪句是真，哪句是假。其实，在日常生活和工作中，人们说话时总是虚虚实实，真真假假，虚实相间，真假各半的。有些真话不必太在意，有些假话也不必追究，弄清楚主要的和次要的，把握住大局，事业才能稳步发展。

不要忘了，“谎言”的运用永远是有限度的，就是要能在适当的时候，适当的地方运用，又要有适当的手段。

3. 遇强示弱，遇弱示强

丛林里的生态圈似乎是天定的，强与弱，谁都不可能去改变。但人类社会却不同，人类固然也有先天的强与弱以及后天的强与弱，但因为人类有智慧，可以通过学习及经验的积累，在人性丛林里巧妙地获得生存的机会，并进而为自己争取利益。

有一个法则是值得在人性丛林里进出行走时参考的，那就是：遇强则示弱，遇弱则示强。人不太容易去改变自己条件的强或弱，但可以用示强或示弱的方式，为自己争取有利的位置。

“遇强则示弱”的意思是：如果你碰到的是个有实力的强者，而且他的实力明显高于你，那么你不必为了面子或意气而与他争强，因为一旦硬碰硬，固然也有可能摧折对方，但毁了自己的可能性更高。因此不妨示弱，好化解对方的戒心。以强欺弱，胜之不武，大部分的强者是不做的。但也有一些具有侵略性格的“强者”有欺负“弱者”的习惯，因此示弱也有让对方摸不清你的虚实，降低对方攻击的有效性作用，一旦他攻击失效，他便有可能收手，而你便获得了生存的空间，并反转两者态势。至于要不要反击，你要慎重考虑，因为反击时你也会有损伤，这个利害是要加以评估的。何况还不一定能击败对方。“生存”才是主要目的。

“遇弱则示强”的意思是：如果你碰到的是实力比你弱的对手，那么就要显露你比他“强”的一面，这并不是为了让他来顺从你，或满足自己的虚荣心或优越感，而是弱者普遍有一种心态，不甘愿一直做弱者，因此他会在周围寻找对手，好证明他也是一个“强者”，你若在弱者面前也示弱，正好引来对方的杀机，徒增不必要的麻烦与损失。示强则可使弱者望而生畏，知难而退。所以，这里的示强是防卫性的，而不是侵略性的，因为侵略也必为你带来损失，若判断错误，碰上一个“遇强示强”的对手，那你不是很惨吗？

人性丛林里没有绝对的强与弱，只有相对的强与弱，也没有永远的平衡。国与国之间不易做到此点，但人与人之间不难做到，不论你是弱者还是强者，“遇强示弱，遇弱示强”只是其中一种方法罢了。

怎样消除与他人之间的误会

大千世界，纷繁人生，谁都可能误会他人，谁也都可能被他人误会。

误会即指别人对你的看法与你的实际情况不符，是无意之中产生的认识上的错觉。形成的原因有两个方面：一是自身的言行不够谨慎，言谈行事有欠周到、欠细致、欠精明之处，致使他人不能准确地领会你的意图。二是对方的主观臆测，由于每个人不同的经历、学识、价值观、气质、心境等因素的影响，对同一件事、同一句话，不同的人会有不同的理解。

误会给我们带来痛苦，带来烦恼，带来难堪，甚至会产生始料不及的悲剧。所以，陷入误会的圈子后，必须调整自己，采取有效的方式予以解除，使自己与他人都尽快地轻松、舒畅起来。

1. 消除自我委屈情绪

出现误会后，不必为自己辩解，不要总认为自己正确、有道理、不被理解。心中怀有委屈情绪的人，必定不愿开口向对方作解释，这种心理障碍妨碍彼此间的交流。此时，多替对方着想，无论他是气量小也好，心眼窄也好，不了解真相也好，不理解你的一番苦心也好，都不必去计较，只要你真诚地向他表明心迹，误会便会消除。比如你同朋友争论一个问题，当时有许多人在场。你本无意压他一头、让他当众出丑，但当时不能自制，说了许多过头的话，伤了他的自尊，使他误以为你在出风头，给他难堪，使他下不了台。事后，你应真诚地向他道歉，这样才能保持友谊，而不要怪罪对方小心眼，从而断绝来往。否则，你们就会因一次争论而导致关系破裂，由朋友而变成冤家了。

2. 查清原因方可化解怨恨

产生误会后，一方怒气冲冲，充满怨恨、敌视；一方满腹狐疑，委屈压抑。双方隔阂越陷越深，而且一谈即崩，大有新的误会接踵而来之势。此时，需要冷静，你必须下一番功夫全面调查，搞清楚对方的误解源于何处，否则，任凭你费多少口舌，也不会解释清楚，搞不好还会越描越黑，弄巧成拙。

3. 书信可传情

面对一封信要比面对当事人从容得多，当面难以启齿的话题在信上会坦然地表达出来，书信效果往往比当面交涉的效果更佳。但要注意，写信时措辞一定要简短、亲切、明了，切勿啰啰唆唆，令人生厌，语气需真挚、诚恳，充分表达自己愿意消除误会、重新和好的急切心情，表达自己至今仍铭记以往的友情，以及对对方的信赖和尊敬。

4. 行动是最好的证明

有的误会用语言解释不清楚，那么就用与之相反的行动去证实。如朋友误解你同某一异性有暧昧行为，你又说不清楚，那么你只要与自己的爱人相依相伴、相敬如宾、亲密无间、双双出入社交场合，令他人找不到破绽，谣言便会不攻自破，误解也就自然消失了。还如知名度高的人，一般要求得到他人格外的尊重和赞扬，如果你毫无顾忌地对他进行批评、指责，便会被人误认为怀有嫉妒之心。尽管你尽力辩白，声称没有此意，人家也不会相信。此时，你唯一的对策是在今后的工作中，虚心向其求教，注意肯定人家的长处，更不与他争荣誉、争地位，在他被人攻击诽谤时，站出来讲几句公道话，这时你们以前的误会便可烟消云散。

5. 战胜自己的懦弱，当面说清

误会的类型千奇百怪、多种多样，但最简捷、最方便的解决方法便是当面说清，大多数人也都欢迎这种方法。有人由于懦弱，不敢当面对质，结果把问题搞得极为复杂。记住，如果有的误会需要亲自向对方作说明，你一定不要找各种借口推托，一定要克服困难，战胜自己，想方设法当面表明心迹，而不要轻信第三者的只言片语。

6. 不可放过好时机

解释缘由，消除误会，必须选择好时机。一定要考虑对方的心境、情绪等感情因素。大多可选择提干、涨工资、定职称或参加婚宴等喜庆日子，此时对方心情愉快、神经放松，胸怀也就较为宽广。抓住这个时机表白，往往能得到对方的谅解，重归于好。

7. 越拖越被动

有人被误会搞得焦头烂额，总觉得心中有难处，不好启齿，结果碍于情面，时间越拖越长，误会越陷越深，到最后无限制地蔓延，形成了令人极为苦恼的结果。所以，有了误会要迅速解释清楚，时间越长，就越被动。

8. 请领导、同事帮忙

人与人之间的误会常常是在工作中产生的，双方的误解涉及许多因素。个人解决可能会受到限制，从而不能明白透彻。故请他人帮忙，有时是明智之举。

9. 重新聚会

你觉得区区小误会，没必要兴师动众、大费口舌，也不便于直说，但双方在心理上又都觉得不愉快，有了生疏感。此时，你可邀请对方故地重游，或聚会畅谈。在和谐、友好的气氛中，彼此心理上的距离会缩短，以往的不快便会自然地消失。

该糊涂时糊涂，该聪明时聪明

我们在与人交往时有必要的还得装装糊涂，尤其是自己的上司，毕竟领导也是人，有些地方做得不对，有些事睁只眼闭只眼过去也就算了，如果你每件事都和他较真儿，那最后吃亏的可能还是你。

清代文学家、书画家郑板桥，刻有一图章，上面刻的是四个篆字：难得糊涂。所谓“难得糊涂”实际上是最清楚不过了。正因为他看得太明白、太清楚、太透彻，却又对个中缘由无法解释；倘若解释了，更生烦恼，于是便装起糊涂，或说寻求逃遁之术。

现实人生确实有许多事不能太认真、太较劲。特别是涉及人际关系，错综复杂，盘根错节，太认真，不是扯着胳臂，就是动了筋骨，越搞越复杂，越搅越乱乎。顺其自然，装一次糊涂，不丧失原则和人格；或为了公众为了长远，哪怕暂时忍一忍，受点委屈也值得。有时候，事情逼到了那个份儿上，就玩一次智慧，表面上给他个“模糊数学”，让他丈二和尚摸不着头脑，也是“难得糊涂”。评职、晋级时，某候选人向你面授机宜，讨你个“民意”，你明知道他不够格儿，可又不好当面扫他的兴，这时候你该怎么办？不哼不哈，或嘻嘻哈哈。画“O”时再较真儿，不失原则。人格哪，似乎也不失，当事人问到了，坦诚指出他不够格儿的地方，不问，顺其便。“难得糊涂”是既可免去不必要的人事纠纷，又能保持人格纯净的妙方。

“难得糊涂”作为“牢骚气”，原本就是缘由“不公平”而发的。世道不公，人事不公，待遇不公，要想铲除种种不公，又不可能，或自己无能，那就只好扬起这面“糊涂主义”的旗帜，为自己遮盖起心中的不平。所以当你直面现实，要学笑容可掬的大肚弥勒佛，“笑天下可笑之人，容天下难容之事”，那就会进入一种超然的境界。

古人云“鹰立如睡，虎行似病”，正是它们攫鸟噬人的法术。故君子要聪明不露，才华不逞，才有任重道远的力量。这大概可以形象地诠释“藏巧于拙，月晦而明”这句话的具体含义。一般说来，人性都是喜直厚而恶机巧的，而胸有大志的人，要达到自己的目的，没有机巧权变，又绝对不行，尤其是当他所处的环境并不尽如人意时，那就更要既弄机巧权变，又不能为人所厌戒，所以就有了鹰立虎行如睡似病、藏巧用晦的各种处世应变的方法。曹丕以哭胜曹植的美文是一个例子，安禄山做杨贵妃的干儿子也是一个例子。

李白有一句耐人寻味的诗，叫“大贤虎变愚不测，当年颇似寻常人”，则揭示了另一种意义上的保藏用晦的处世法。这是指在一些特殊的场合中，人要有猛虎伏林、蛟龙沉潭那样的伸屈变化之胸怀，让人难以预测，而自己则可在此期间从容行事。元末的朱元璋在攻占了南京后，因为群雄并峙，为了避免因崭露头角而成为众矢之的，他采取了耆老朱升的建议，以“高筑墙，广积粮，缓称王”的策略赢得了各个击破的时间与力量，在众人的眼皮底下暗度陈仓，最后一并群雄当上了大明皇帝。

以上所述，都是一些典型人物的典型事例。不过，对于一般的普通人，古人也认为应该有包藏、凝重的胸怀与气度。有一句名言曰：取象于钱，外圆内方。古钱币的圆形方孔，大家都是知道的。为人处世，就要像这钱一样，“边缘”要圆活，要能随机而变，但“内心”要守得住，有自己的目的和原则。例如，对周围的环境、人物，假如有看不惯处，不必棱角太露，过于显出自己的与众不同来，“处世不必与俗同，亦不宜与俗异，做事不必令人喜，亦不可令人憎”，既可以保全气节，也可以保护自己。

《三国演义》中有一段“曹操煮酒论英雄”的故事。当时刘备落难投靠曹操，曹操很真诚地接待了刘备。刘备住在许都，在衣带诏签名后，也防曹操谋害，就在后园种菜，亲自浇灌，以此迷惑曹操，放松对自己的注视。一日，曹操约刘备入府饮酒，谈起以龙状人，议起谁为世之英雄。刘备点遍袁术、袁绍、刘表、孙策、刘璋、张绣、张鲁、韩遂，均被曹操一一贬低。曹操指出英雄的标准——“胸怀大志，腹有良谋，有包藏宇宙之机，吞吐天地之志”。刘备问：“谁人当之？”曹操说，只有刘备与他才是。刘备本以韬晦之计栖身许都，被曹操点破是英雄后，竟吓得把匙箸也丢落在地下。恰好当时大雨将至，雷声大作，刘备从容俯拾匙箸，并说“一震之威，乃至于此”。巧妙地将自己的惶乱掩饰过去，从而也避免了一场劫数。刘备在煮酒论英雄的对答中是非常聪明的。

刘备藏而不露，人前不夸张、不显炫、不吹牛、不自大，装聋作哑不把自己算进“英雄”之列，这办法是很让人放心的。他的种菜、他的数英雄，至少在表面上收敛了自己的行为。一个人在世上，气焰是不能过于张扬的。孔子年轻的时候，曾经受教于老子。当时老子曾对他讲：“良贾深藏若虚，君子盛德容貌若愚。”即善于做生意的商人，总是隐藏其宝货，不令人轻易见之；而君子之人，品德高尚，而容貌却显得愚笨。其深意是告诫人们，过分炫耀自己的能力，将欲望或精力不加节制地滥用，是毫无益处的。

中国旧时的店铺里，在店面是不陈列贵重的货物的，店主总是把它们收藏起来。只有遇到有钱又识货的人，才告诉他们好东西在里面。倘若随便将上等商品摆放在明面上，岂有贼不惦记之理。不仅是商品，人的才能也是如此。俗话说“满招损，谦受益”，才华出众而又喜欢自我炫耀的人，必然会招致别人的反感，吃大亏而不自知。所以，无论才能有多高，都要善于隐匿，即表面上看似没有，实则充满的境界。

人一生不应对什么事都斤斤计较，该糊涂时糊涂，该聪明时聪明。有句成语“吕端大事不糊涂”，说的正是小事装糊涂，不要小聪明，而在关键时刻，才表现出大智大谋。中国古代这样的大智若愚者是很多的。

宋代宰相韩琦以品性端庄著称，遵循着得饶人处且饶人的生活准则，从来不曾因为有胆量而被人称许过，可是在下面两件事上的神通广大，实在是没有第二个人，这才是“真人不露相”的注脚。对于这样的老好人谁会防范呢？他因此而得以在无声无息中做了这两件大事：

当宋英宗刚死的时候，朝臣急忙召太子进宫。太子还没到，英宗的手又动了一下，宰相曾公亮吓了一跳，急忙告诉宰相韩琦，想停下来不再去召太子进宫。韩琦拒绝说：“先帝要是再活过来，就是一位太上皇。”韩琦越发催促人们召太子，从而避免了权力之争。

担任入内都知职务的任守忠这个人很奸邪，反复无常，秘密探听东西宫的情况，在皇帝和太后间进行离间。韩琦有一天出了一道空头敕书，参政欧阳修已经签了字，参政赵概感到很为难，不知怎么办才好，欧阳修说：“只要写出来，韩公一定有自己的说法。”韩琦坐在政事堂，用未经中书省而直接下达的文书把任守忠传来，让他站在庭中，指责他说：“你的罪过应当判死刑，现在贬官为蕲州团练副使，由蕲州安置。”韩琦拿出了空头敕书填写上，派使臣当天就把任守忠押走了。

要是换上另外的爱耍弄权术的人，任守忠会轻易就范吗？显然不会，因为他也相信一贯诚实的韩琦的说法，不会怀疑其中有诈。这样，韩琦轻易除去了蠹虫，而仍然不失忠厚。所以大智若愚实在是一种人生的最高修养，也是一种人生大谋略。大智若愚的人总有更多的成功的机会。

南朝梁国人羊侃，字祖忻，泰山梁文人。开始做北朝魏国的泰山太守，因为他的祖父羊规曾经是宋高祖的祭酒从事，所以羊侃想回到南方来。归途中，走到涟口这个地方，大摆宴席。有个客人名叫张孺才，喝醉了，在船上失了火，烧了70多艘船，烧掉金银财物不可计数。羊侃听说了，几乎不挂在心上，还是要大家继续喝酒。孺才既惭愧，又恐惧，就逃跑了。羊侃派人去安慰他，并把他找回来，仍然像从前一样对待他。后来羊侃回到南朝，做了梁武帝的军司马。

这些都是历史上有名的忍让的故事，受侮受损的一方都没有为自己的难堪和损失而大发其怒，记恨在心，相反，都表现出了宽宏大量、毫不计较的美德和风度。结果不仅没有受到更多的伤害，反而得到了大家的敬重。

不打不相识，敌人变朋友

有一位哲人说过："没有敌人的人生太寂寞。"这位先哲真是好大的口气，试想谁希望以敌人的存在来充实自己的人生经历？其实如果仔细想想，你的敌人是谁呢？是不是从出生开始就有敌人存在或存在的仅仅只是你的假想敌人？敌人本来并不存在，只是由于某种原因才出现。或者是原来的朋友反目成现在的敌人，也许将来还会变成朋友。不打不相识，你们为什么不能彼此间成为朋友呢？把你的敌人看作你的朋友，坚持感情的输入，坚持礼让的美丽内涵。如果你这样做了，说明你正在一点点地提高自己，开阔自己。

但是，礼让并不是无原则地一味退让，并不是对所有的事都保持沉默。不要以为这样你才有深度、有内涵，是一个襟怀博大、有容人之量的人。事实恰恰相反，如果你这么做，别人只会把你看作懦弱无能、愚笨无知的代名词，绝对不会正视你的存在。不要以为你守着"宰相肚里能撑船"的信条不放，你就能胸襟开阔，从而心宽体胖。在某些时候，你不得不去争取，去辩论，去实现自己存在的价值，去批评、反击自己认为是忍无可忍的事情，别人绝对不会说你肤浅狭隘。有些事情，如果你不去做，别人又怎么会知道？

例如，一个人的辞锋十分厉害，人人对他退避三舍，唯恐被他当众取笑一番。碰上这种人，不管你反唇相讥或沉默不语，别人只会隔岸观火，含笑欣赏这一幕闹剧。

最难缠的人物，莫如那些生性浅薄而缺乏自知之明的人，他们以攻击人家的弱点为乐事，得势不饶人，叫你丢尽面子才肯罢休。如果在你的周围刚好出现这样一个人物，他说话的声音特别嘹亮，每句话像飞刀一样直插听者的心中，令人又惊又怒，你应该如何做出适当的反应，让对方晓得你并不好欺负，而又不失自己的风度?

喜欢逞一时之快，嘲笑别人，以求达到伤害对方自尊心目的的人，都有一个通病——欺善怕恶。由于缺之涵养，认为别人无言以对，把对方踩在脚下，自己便会升高一级，增加自我的价值，结果慢慢地便形成一种暴戾习气，对人对事一味挑剔，还自认为具有非凡的洞察力、见识过人，别人越是显出畏惧，他们越是得意扬扬，什么尖酸刻薄的话都不吐不快，毫不知道收敛。

面对这种以为自己口才很好，却是神憎鬼厌的人时，你既不要随便示弱，也无须自我降格，跟他针锋相对，你应该这样做：

（1）当他正在喷口水，心情兴奋，口若悬河地把你的弱点一一挑出来取笑时，你只需平静地定睛看着他，像一个旁观者，兴趣盎然地欣赏眼前这个小丑的每一个表情，对方便会难以再唱独角戏。

（2）当他实在太惹人讨厌，总是找你的麻烦，每句话都是针对着你时，你要尽量抑制怒气，装听不见，切勿中了对方的诡计，跟他唇枪舌剑。如果你根本不理会他，他便无法再独自下去，他的弱点会因此而暴露无遗，有目共睹，同时更显出你的涵养功夫非比寻常。

（3）在对方说得起劲，更难听的话也冲口而出的时候，你实在不必再忍受这样肤浅的人，你可以站起来礼貌地说："对不起，请继续你的演说。我先走了。"如果对方还存有一点自尊的话，他应该感到羞耻。不要以为世界上每个人都像你一样，处事有条不紊，愿意听取他人的意见，有进取心，喜欢讲道理、求和气，在适当的时候，做适当的事情。有些人是天生的“疯子”，你对他的所作所为非常厌恶，但又无可奈何，你只能用“不可理喻”四字来形容他。如果他特别针对你，像一只疯狗似的到处吠你，穷追不舍，你的烦恼自然大大增加，他甚至可能做出损人不利己的行为，后果更是不堪设想。你既没有足够的精力与时间跟他周旋到底，以牙还牙，看看鹿死谁手，又不愿与这种人纠缠下去，以免降低人格。面对这种矛盾的情形，什么才是最明智的处理方法？

或者，你会说：“我不会跟这种人计较，不愿为他徒然浪费我的宝贵光阴，我想他疯够了便会停下来，永远对这个人敬而远之才是。”

你也可能会说：“我会找他出来当大家的面说清楚，请其他朋友主持公道，看看谁是谁非，我不要自己蒙上不白之冤。”

其实人之所以可恶可恨，完全是他们心术不正，满脑子是害人的歪念，以致面目也变得奸险狰狞，看见受害者摊上麻烦、心绪不宁，他们便乐不可支。对付这种卑鄙小人，你不能动真气、讲道理，或妄想以情义打动他们的心。你要记着：冰冻三尺，非一日之寒。对方故意跟你过不去，除了自叹遇上恶人，你所能做的，便是对着镜子做一下深呼吸，长吁一口气，承认你交错这样一个朋友。尽管内心隐隐作痛，还是要努力控制情绪，表面上不动声色，从此对这个人不存半点希望，不让他再有机会影响自己的生活，任由他到处乱吠乱叫好了。既然他已失了常性，你又何必跟一个疯子苦苦理论？

如果你对某些不可理喻的人已经束手无策，无奈之余只得说一声“我不生气”的时候，你有没有想过要掌握一些技巧来正确地提出自己的要求呢？我想你肯定有这个愿望，那么你又该如何表达自己的意愿呢？

在公共场合里，我们时常会遇到一些不受欢迎的人物，例如：在电影院里，年轻人忘情地大叫大笑，高谈阔论；在音乐会中，邻座的观众不停地讲话，令你十分苦恼，你想出声请他们安静下来，却碍于礼貌，不愿当众指责对方破坏公共规则，只有强自忍受。这样一来，你会变得越来越内向怕事，不敢据理力争，凡事得过且过，以低调子生活。

你不要欺负人，也不可随便让别人踩到你的头上，这才是正确的人生观。一味迁就自私的人，容忍对方对自己造成的间接伤害，没有人会因你的仁慈而心存感谢，相反，懦弱无能或许是人家对你的形容。一个真正有涵养的人，面对上述情形的时候，他会有这些表现：当对方的行为实在太过分，令人忍无可忍之际，他不害怕挺身而出，告诉对方他带给他人的不良影响，由于其态度是诚恳而义正词严的，对方会感到惭愧。

如果你出言不逊，大声怒道："你这个自私自利的人，知不知道你说话的声音太大，惹人讨厌！"对方的反应必然是怒目而视，反唇相讥，不但不会合作，反而故意跟你作对，引起激烈的争执。你应该这样说："先生，请你说话小声一点好吗？"或者"请你保持安静，谢谢"。与其直斥其非，不如清楚地告诉对方你想让他怎样做，更能使他明白自己带给大家的不良影响，乐意与你合作。

培养说话技巧，在不伤害他人自尊心的情况下，还能达到你心目中的效果，何乐而不为？一个人在愤怒的时候，他的言行大多数会犯错，无论何时何地，你必须切记这一点。

牛津大学的威廉弗沙博士，是当今知名的心理学家，他说："你有什么需要，不妨大胆提出。如果对方做了些你不喜欢的事情，告诉他，若你觉得很生气，须保持冷静。"不要让他人剥夺你的权利，是保护自己权益的先决条件，怀着正确的人生观，才有实力与冲劲干一番大事业。

（4）坚持原则，厌事尊人。

交往中免不了会遇到这样的人物，他当面奉承你，转过身去却嗤之以鼻；他为了取得你的好感，事先就送上一两下掌声；为了取得你的“庇护”，他整天低声下气地围着你打转；他对你心怀不满，但当面总是笑脸，背后到处拨弄是非。这类人物，有着两张脸皮，有着双重人格，与这样的人打交道，你必然会感到艰难。

的确，有些人就是这样圆滑、世故，八面玲珑，喜爱耍弄手腕，甚至是吹牛拍马，两面三刀，有事没事就放两支冷箭。对此类行为若处理失当，很可能会使交往“触礁”。

我们都会期待比较纯洁的交往关系，而你一旦发现遇上了诸如圆滑、世故、两面三刀之类的“暗礁”，又怎么可能立即撕破脸皮，跟人断交呢？所以，仅仅对此类行为厌恶、回避是远远不够的，还需要对这类交往对象有一个比较深的了解。

一般来说，比较圆滑、世故的人，甚至包括那些吹牛拍马、两面三刀的人，都是一些善于保护自己的人。他们把自己看得比别人要重得多，所以在交往过程中穿上了重重的铠甲。其实，善于保护自己并不是什么错，问题是把交往对象全都变成了防范对象、算计对象，所采用的保护手段又违背了真诚友善、坦诚相见的道德规范，就会使自我保护变成了损害正常交往关系的行为。

我们可以厌恶这种行为，但不必厌恶行为者本人。具体说来，我们在反对不正派行为的时候，不要去伤害人家的自尊心，不要损害他们如此费心地保护着的那个“自己”。比方说，他为了赢得廉价的喝彩声才对你奉上掌声时，你不妨先冷静下来，真诚地向他申明，在需要得到人家的支持这一点上，你们是一致的，但是要想真正获得别人的支持和赞美，要靠自己的真才实学，要靠自己的辛勤劳动。在他为寻求“庇护”才围着你打转时，你也不妨帮助他认清自己的力量，鼓励他培养独立的人格，走自己的路。切不可简单地拒绝所谓肉麻的奉承，简单拒绝只会伤害对方的自尊心，加速你“触礁”的进程。鼓励他的自尊心，帮助他建立起独立的人格，帮助他完成真正的自我保护，满足他的要求，你会得到他真诚的“掌声”。

谈论他人，多讲他的好处

有一句话说：“谈论他人，多讲他的好处。”

不过这实在有些困难，因为大部分的人对批评他人的缺点是很有兴趣的。谈论不在场的第三者时，如果你在言辞上特别注意，而且闪烁不定，反而会被误会你居心不良，什么话也不敢再对你讲。以自然的态度，巧妙地避免附和，这样才是最聪明的办法。

其实，应该尽量避免评论第三者，何况背后议论人实在有失修养。一般人一聊起来就忙不迭地说某人如何，公司主管怎么无聊等等。我们经常警告自己说“严于律己，宽以待人”，如果能如此，很多事也不会变得那么严重。即使做评论时，也要尽量克制，别人的缺点只讲三成，点到就好。

本来，人类的优缺点是并存的，神经质的人也可以说是细心的表现；而亲切的人竟也有人用优柔寡断来批评。优缺点，在不同的情况下是有所改变的，对这件事他的处理可能是亲切，然而碰上一件需要果断处理的事，他可能就变成优柔寡断了。因此评论他人时，怎么能忽视优点，尽挑缺点讲呢？

如果有人问你：“小李，我觉得小陈很傲慢，你认为呢？”如果你轻率地回答“嗯，我也有这种感觉”那可就不妙了。这种人通常容易被戏称为“应声虫”，因为对方很有可能又跑到小陈那去告诉他：“小陈，小李说你这人很傲慢！”甚至还添油加醋，最后，彼此关系将变得很坏。

这种事情，在我们身边的例子很多，自古以来就有这么一句话："话越传越多，东西越传越少。"尤其是当对方大肆议论某一位第三者时，最好不要插嘴，因为你不了解事实真相，随声附和，于事无补，许多事情并不是你附和他几句他就能消气，或者对你感谢万分的。

当谈话时，如果出现这种话题，虽然听者很不自然，但也许朋友只是发泄而已，你不必肯定或否定地回答他，把这些当作耳边风就算了。

但有时也有例外，尤其是在女性面前，千万不要赞美其他女性。

"女性的敌人是女性。"某位心理学家这样讲。根据研究，女性通常比较敏感。有一所女子中学新来了一位年轻有朝气的男老师，他习惯每次在讲课时暂时站在教室的某一处。结果有几次，他刚好停在某一女学生旁边，于是这位女学生以为老师对她有意思，搞到后来这位男老师要不就站在讲台上讲课，要不就不停地走，不敢随便停下来。一学期之后，这位男老师便受不了精神压力辞职了。

有些年轻的女学生爱幻想，对一件事容易一厢情愿地掉入幻境中。尤其一位仰慕已久的男老师接二连三地站在自己旁边，难免会自己织出一张网把老师和自己织进去。有时候你和女朋友逛街，你看到一位非常漂亮的女孩子走过，于是赞美地说："好漂亮的女孩子！"通常她们的反应有一半是"那么你跟她去逛街好了"。因为赞美第三者，让她觉得间接批评了自己。

时刻保持危机感，"舒服"的日子最可怕

孟子说："生于忧患，死于安乐。"意思是人在困苦的环境中因为激发出奋斗的力量，反而容易生存，而在安乐的环境中，因为没有压力，容易懈怠，反而会为自己带来危难。这一句话也可这么

解释：人如果时刻都有忧患的意识，不敢懈怠，那么便能生存；如果耽于逸乐，今朝有酒今朝醉，那么就有可能自取灭亡！

在生物学中常常用“煮青蛙”这个实验来说明忧患意识。把一只青蛙投入沸水锅里，青蛙受到强烈刺激后，“嗖”地跑出来以逃生；另一种方法是将青蛙放在冷水里慢慢加温，青蛙意识不到危机将至，不挣扎也不跳出，等它意识到危险的时候，却没有了逃生的能力，结果被活活烫死。

由此可以得出结论：对于青蛙来说，最可怕的是“渐变”，而不是“突变”。因为突然面临危机，青蛙可以迅速地做出应变反应，从而逃离危险；但让它慢慢地、逐渐地靠近危机，它却悠悠哉，感觉不到危机的到来，至死也毫无反应。其实恐怕也是已经舒服得没有反应能力了。

同样，对于每个人来说，最可怕的也是“渐变”，如果人不能时刻保持一种危机感和紧迫感，危机就会来临。人要有忧患意识！也就是要有危机意识！一个国家如果没有危机意识，这个国家迟早会出问题；一个企业如果没有危机意识，迟早会垮掉；一个人如果没有危机意识，必会遭到不可测的横祸。

《伊索寓言》里有一则这样的故事：有一只老虎对着树干磨它的牙，一只猴子见了，问他为什么不趴下来休息享乐，而且现在也没看到猎人！老虎回答说：等到猎人出现时再来磨牙就来不及啦！

也许你会说未来是不可预测的，“是福不是祸，是祸躲不过”，既是如此，何妨一切顺其自然，又何必要有危机意识呢？没错，未来是不可预测的，而人也不是天天走好运的，就是因为这样，我们才要有危机意识，在心理上及实际作为上有所准备，好应付突如其来的变化。如果没有准备，不要说应变，光是心理受到的冲击就会让你手足无措。有危机意识，或许不能把问题消弭，但可把损害降低，为自己找到生路！

那么，一个人应如何把危机意识落实在日常生活中呢？

首先，应落实在心理上，也就是心理要随时有接受、应付突发状况的准备，这是心理建设。心理有准备，到时便不会慌了手脚。例如，人有旦夕祸福，如果有意外的变化，我的日子将怎么过？要如何解决困难？世上没有永久的事，万一失业了，怎么办？人心会变，万一最信赖的人，包括朋友、伙伴变心了，怎么办？万一健康有了问题，怎么办？

其实你想的“万一”并不只这几样，所有的事你都要有“万一……怎么办”的危机意识，并未雨绸缪，预做准备。尤其关乎前程与一家人生活的事业，更应该有危机意识，随时把“万一”摆在心里。心里有“万一”，你自然就不会太高枕无忧！当然，这也不是说因此而时刻提心吊胆，惶惶不可终日。但你要记住，这个世界上没有一劳永逸的事情，只有“动态”的稳定，才是真正的稳定。

人最怕的就是过安逸的日子，想想有多少人因为有许多年平顺的日子，如今一遇不顺就前进后退都无路，而又不甘心沦为人人看不起的小角色，后来呢？他还是只能当个小角色。

对于每个人来说，最可怕的恰恰是“渐变”，如果不能时刻保持一种危机感和紧迫感，就会在危机来临时“舒服得没有反应能力了”。

《易经》中有这样一句话：“君子终日乾乾，夕惕若厉，无咎。”大意是说君子要终日奋发努力不懈，时时警醒，这样才能处于危险地位而不会发生灾难。

Part 5

忠言逆耳，不好意思也要把话说出口

俗话说：『良药苦口利于病，忠言逆耳利于行。』虚心听取别人的意见总是对自己有帮助的，要多听取他人的意见。毕竟，金无足赤，人无完人。人生之路如此漫长，没有谁能保证自己完美无缺，不犯错误，但只要及时发现并改正，那你就可以做到尽量完美。这个时候，光靠自信是远远不够的，必须多听取别人的意见，吸取别人的经验教训，这样才能更好地克服重重困难。

根据不同对象采取不同的方法

许多人都渴望掌握批评的技巧，批评是生活中最难把握的一种表达方式。在生活中，我们常常会遇到这种情况：不讲批评方式，在公众场合，居高临下地指责、批评对方，试图把自己正确的观点强加给对方，这样做往往会事与愿违。

要想掌握好批评的尺度，应从批评原则和批评方法上理解。

通常实施批评时应当遵循以下三条原则：

一、自我批评的原则

作为上司，批评之前首先要学会自我批评。上司是管理下属的人，他也就是承担责任的人，换句话说，下属工作的失误要由上司来承担责任。可是有些上司喜欢和下属分享成绩，不愿分享责任，荣誉是大家的，责任却成了个人的，这样的上司很难在下属中确立真正的威信。上司在准备批评下属之前不妨先做个自我批评，承担起最重要的责任，然后再指出下属的不足。这样一来，下级心胸也会开朗了，更容易接纳批评的意见，既可以充分认识自己的过失，又可以增强工作的责任心和荣誉感，批评的目的就达到了。

二、批评和表扬结合的原则

作为上司，批评的同时别忘记表扬，表扬是批评的“润滑剂”。表扬是激励，而比批评更重要的是引导。比如，小李写的文字材料不合要求，上司如果直接批评材料质量差，往往是达不到好的激励效果的，如果上司先表扬小李的文稿比以前有进步，然后再指出文稿中存在的不足，这样就可以更好地达到指出问题、提高水平的作用。

三、得体适度原则

作为领导者，批评要有“分寸”。这里有两个问题：第一，批评更应该是私下进行，要给下属留“情面”。人人都是有自尊心的，下属如果犯了错误，领导一样要尊重他，应该尽量避免公开批评下属的方式，最好在工作之余找来下属促膝谈心，这种方式比开会宣布的方式要有效得多。当然，一些严重的问题就要另当别论了。第二，批评要尽量“对事不对人”，也就是多从事情找原因，少从个人找原因。下属做错了事应该受到批评，可问题的关键在于批评是针对下属做错的事情还是下属本人。有些上司总是把下属的失误归结为个人的原因，那只会挫伤下属的自尊心。很多时候，下属工作的失误并不完全是本人的因素所造成的，如果一味地把“矛头”指向个人，势必会让下属产生委屈感和不满情绪，批评的目的也就无从谈起了。

同时还要正确掌握批评的方法。要想正确地掌握批评的方法，需要注意三方面。

一、要注意批评的动机、目标和效果

每个批评者的出发点都是善良的，都真诚地希望提醒或帮助对方改正错误，因此要做到尊重、理解、信任被批评者。一般不要说：“我本来不想说,可是……”“说了你也许不高兴,但不说又不行,所以……”从批评的目标上说，要做到有的放矢，不可全盘否定，把别人说得一无是处，应把重点放在改善目前不足的方面。否则，对方要么“当面接受，过后照旧”，要么“表面同意，心底不服”，甚或“当面顶撞，让你无法下台”。批评要针对人的行为，而不是他或她本身。只有动机与效果达到了完美统一的批评，才是成功的批评。

二、要注意批评的态度和语言

批评人时要心平气和，做到诚恳、认真、冷静、耐心，不能急躁，不能怨恨，更不能存心找麻烦。要使用一种温和的语言有效去除僵硬与冷淡的方式。当你心中愤怒、埋怨、焦虑，并想责怪对方时，最好是先克制一下情绪，整理一下思绪，甚至可以先听听音乐，散散步，看会儿电视，等冷静时再实施批评。在实施批评时，最好先适当地表扬对方，通过提及对方的好，而使对方认为自己并非全都不对，从而改善气氛，以保护他们的自尊，使他们感到既愿意又有能力去改进。

三、因人而异、对症下药

批评他人要注意根据不同对象采取不同的方法和语气。对年轻人，批评时要语重心长，要寄予希望；对中年人，要旁敲侧击，点到即止；对长辈和上级，要巧妙提醒，声东击西，含蓄委婉；对那些“老虎屁股摸不得”的不讲理者，要理直气壮，以正压邪，在严厉批评之后再辅之以耐心说服。

总之，批评的方法要以教育为主，用事实教育人，用道理开导人，用后果提醒人，从而达到使对方心悦诚服地改正错误的目的。

说话的方法不同，效果当然也不同

我们经常会看到这样的场面：一位领导不分场合对其下属大声斥责，以为这样就可以树立威信，下属才会服从他；一位家长不顾孩子的感受唠唠叨叨地不停指责孩子的缺点，以为这就是对他们的爱；一位教师一脸严肃地在学生的考卷上指指点点，大声训斥，以为这样他就会发愤学习；同事、邻里、朋友之间不顾方式地对对方的缺点、过失进行批评，以期对方改正。

但这种说话方式往往事与愿违，即使对方感到自己有错误，也会强词夺理，甚至拂袖而去，弄得双方不欢而散。

如果能换一种方式，私下与其交换意见，委婉地表达自己的想法，并与他摆事实，讲道理，分析利弊，他就会心悦诚服，真正接受你的意见和帮助。

可见，说话的方法不同，效果当然也不同。下面是批评的一些有效方式：

1. 启发式批评

要使对方从根本上认识到自己的错误，需要批评者从深处挖掘错误的原因，晓之以理，动之以情，循循善诱，帮助他认识、改正错误。

2. 幽默式批评

幽默的语言和形象的比喻等，可以缓解批评时紧张的情绪，启发批评者思考，从而增进相互间的感情交流，使批评不但达到教育对方的目的，同时也创造出轻松愉快的气氛。

伏尔泰曾有一位仆人，有些懒惰。一天，伏尔泰请他把鞋子拿过来。鞋子拿来了，但布满泥污。于是伏尔泰问道："你早晨怎么不把它擦干净呢？""用不着，先生。路上尽是泥污，两小时以后，您的鞋子又要和现在的一样脏了。"

伏尔泰没有讲话，微笑着走出门去。仆人赶忙追上说："先生慢走！钥匙呢？食橱上的钥匙，我还要吃午饭呢。"

"我的朋友，还吃什么午饭？反正两小时以后你又将和现在一样饿嘛！"

伏尔泰巧用幽默的话语，批评了仆人的懒惰。如果他厉声喝骂、命令他，则不会有这么好的效果了。

3. 警告式批评

如果对方犯的不是原则性的错误，就没有必要"真枪实弹"地对其进行批评。这时可以用温和的话语，只点明问题，或者是用某些事物对比、影射，点到为止，起到一个警告的作用。

春秋时期，秦国准备袭击郑国。军队走到魏国时，这个消息被郑国的弦高知道了。弦高原打算到附近做买卖，但他不忍自己国家蒙受灾难，便打算劝秦国主将改变主意。

弦高如果以硬对硬，肯定会适得其反。于是他带了千张熟牛皮，赶了百头牛做礼物，犒赏秦军。他故作恭敬地说："我国国君已经听说您将行军经过敝国，特命我准备好粮草招待，让我来犒劳您的随从。”秦将一听这话，认为郑国已对他们有所防备，不易攻击，于是便打消了侵略郑国的念头。

弦高巧妙地对秦国发出了警告，收到了最佳的效果，未动一兵一卒就保全了自己的国家。警告式的批评在这里发挥了极大的作用。

4. 委婉式批评

采用间接的方法，声东击西，让被批评者有一个思考的余地，其优点是不伤被批评者的自尊心。

有一次宴会上，一位胖得出奇的夫人坐在身材瘦小的萧伯纳旁边，带着妖媚的笑容问大作家：“亲爱的大作家，你知道防止肥胖有什么办法吗？”萧伯纳郑重地对她说：“有一个办法我是知道的，但是我怎么想也无法把这个词翻译给你听，因为‘干活’这个词对你来说是外国话呀！”

萧伯纳这种含蓄委婉、柔中带刚的批评方式，效果极强。

总之，批评的方法应以教育为主，用事实教育人，用道理开导人，用后果提醒人，从而使对方心悦诚服地接受批评。

在这里，要着重强调一下朋友之间的交流与批评。

朋友间的交谈，其形式和内容有别于其他关系。首先是措辞上不必那么严谨，其次话题不必仔细斟酌，可以更随意些。但这并不是说朋友间交谈可以口无遮拦，不讲究语言艺术，良好的语言表达对于维系和发展友谊是至关重要的。朋友之间交往要真诚、坦率，直率诚笃的交谈是朋友间真诚相待、关系融洽的表现。

宋代的宁祁写文章爱用冷僻字，以显示自己博学。欧阳修同他一起修《新唐书》时，很想找个机会指出这种毛病。

一次，欧阳修说：“你忘了，这八个字是‘夜梦不祥，题门大吉’！”

宁祁抱怨欧阳修不该用冷僻字，欧阳修大笑道：“这就是您修唐书的方法！‘迅雷不及掩耳’多明白，你却要弄成‘震雷无暇掩聪’，这样的史书谁能读懂呢？”

宁祁深感惭愧。欧阳修以诚笃之心、直率之言指出了宁祁的毛病，给了宁祁帮助，也增进了彼此的友谊。

朋友之间，争辩和拒绝是常发生的事，遇到这两种情况时的说话方式，尤其要注意。

如果有时和朋友实在躲避不了争论，那也要注意分寸，要记住：控制自己的情绪，避免使用过激的言辞和尖刻的话语；不要算老账，揭人短；不要计较胜负；批评时，要注意只谈事不谈人。

朋友相处久了，或许你会发现朋友的一些缺点。但是如果你采取不当的方式指出他的错误：一个蔑视的眼神，一种不满的腔调，一个不耐烦的手势等，都可能带来不良后果。假如你不是全面地反对对方的意见，而是用“我想”“假如”“你看”“我还有另一个想法，不知……”等字眼委婉地表示出来，也许会收到理想的效果。

高林和朱明在学校是同室好友，关系十分亲密。高林家境不太好，自己在学习的同时，每天早晨不到五点就要去一家餐厅做工。随着学习压力增大，考试期间，两人之间产生了不满情绪。

朱明说：“你上班干吗非得把全宿舍的人都闹醒啊！”

高林说：“你以为我乐意早上五点就起床去那臭熏熏的厨房里干活吗？我父亲可不愿一年到头供养我，我得自己挣钱养活自己。我不像你，懒在屋里，靠家里供养。你自己清楚，你是我认识的人中最懒的一个。”

朱明说：“哦，别来这一套。昨晚看书一直看到两点的是谁？谁又说什么啦？难道你就不能轻一点吗？就不能稍稍考虑一下别人！”

高林被朱明的批评戳到了痛处，也就不顾一切地反击过去。这也是受人批评时的一种本能反应。

假如他们都不那么感情用事，而采取负责的态度表示自己的不满，就可以避免朋友的怒气，至少可减少朋友发怒的可能性。如果朱明当时能这样谈起，就完全可以避免一场争吵：

“我想告诉你，我有些不舒服，也可能是这些天的考试使我过于紧张烦躁了，昨晚我没有睡好，今天五点又被你弄醒，我心里有点恼火，你似乎没考虑过我的休息。”

所以，指出朋友的缺点时，不仅要使用委婉的话语，还要注意不要当众批评朋友，免得让朋友在众人面前难堪。

目的是解决问题，不是追究责任

人无完人，在这个世界上，没有人不会犯错误。在错误面前，你可能要忍不住大发雷霆。狂风暴雨过后，你可能会沮丧地发现，你的“善意”并没有被对方接受，甚至，换来的结果可能也与你预想的截然相反。

这里有几点小建议：

1. 批评宜在私下进行

被批评可不是什么光彩的事，没有人希望在自己受到批评的时候召开一个“新闻发布会”。所以，为了被批评者的“面子”，在批评的时候，要尽可能地避免第三者在场。不要把门大开着，也不要高声地叫嚷要全世界的人都知道。在这种时候，你的语气越温和越容易让人接受。

2. 不要很快进入正题

不要一上来就开始你的“牢骚”，尽量先营造一个尽可能和谐的气氛。做错事的一方，一般都会本能地有种害怕被批评的情绪，如果很快地进入正题，被批评者很可能会产生不由自主的抵触情绪。即使他表面上接受，却未必表明你已经达到了目的。所以，先让他放松下来，然后再开始你的“慷慨陈词”。记得有句话说得很好——Kiss and kick（吻后再踢），这样才能达到比较好的效果。

3. 对事不对人

批评时，一定要针对事情本身，不要针对人。谁都会做错事，做错了事，并不代表他这个人如何如何。错的只是行为本身，而不是某个人。一定要记住：永远不要批评“人”。

4. 你要找到解决问题的办法

当你批评的时候，你在说他做错了。在这同时，你必须告诉他怎么做才是正确的。这才是正确的批评方法。不要只是“指手画脚”，一定要他明白：你不是想追究谁的责任，只是想解决问题。而且，你有能力解决。

总之，你的批评是否成功，很大程度上决定于你采用的态度。没有人喜欢被批评，不要相信“闻过则喜”。如果你一味地指责别人或者简单说明你的看法，你将会发现，除了别人的厌恶和不满外，你将一无所获。然而，如果你能够让对方感觉到你是来解决问题纠正错误的，而不是仅仅来发泄你的不满，你将会获得成功。

不说别人的坏话，只说别人的好处

只有不够聪明的人才批评、指责或抱怨别人，但是善解人意和宽恕他人，需要修养和自制的功夫。卡莱尔说过：“伟人是从对待小人物的行为中，显示其伟大。”

人总会犯错误，如果你是一个领导，你的员工犯错了，你会怎样做？这个问题其实十分重要，因为问题解决的好坏直接关系同事之间的关系问题，从而影响单位的利益。

下面教你几招——

1. 用平和的语气批评员工

邓阳是一家建筑公司的安全检查员，检查工地上的工人有没有戴上安全帽是他的职责之一。据他报告，每当发现有工人在工作时不戴安全帽，他便会用职位上的权威要求工人改正。其结果是，受指正的工人常显得不悦，而且等他一离开，就又把帽子拿掉。后来，邓阳决定改变方式。他再看见有工人不戴安全帽时，便问帽子是否戴起来不舒服，或是帽子尺寸是否不合适，并且用愉快的声调提醒工人戴安全帽的重要性，然后要求他们在工作时最好戴上。这样的效果果然比以前好得多，也没有工人显得不高兴了。

其实，大家都有感受：批评，是一件令人十分难为情的事情，无论是批评者还是被批评者，在那种特定的氛围中一定都多少有些尴尬。其实，批评的真正目的并不在于批得对方体无完肤，彻底地打倒对方，而是纠正对方的错误。因此，艺术的批评不应伤害对方，而是激励他，使对方表现出更好的业绩。

2. 用称赞打开员工的心扉

心理学家史基诺经由动物实验证明："因行为好而受到奖赏的动物，其学习速度快，学习效果亦较佳；因行为坏而受处罚的动物，则不论怎样学习效果都比较差。最近的研究显示，这个原则用在人身上也有同样结果。批评不但不会改变事实，反而只有招致愤恨。"

给予员工亲切的言辞和称赞，对建立彼此的友好关系有很大的帮助。美国佳乐食品公司经理克利佛西斯说："称赞能使对方兴奋，也能使你发现对方的许多优点，而当你批评他时，他会欣然接受。"如果你真想批评员工，不妨用这样的话开始：

"小朱，你所提出的建议很好，我们从中受益许多。不过，有一点……"

"小胡，自从你进入公司以来，你的业绩一直非常优异，大家都是有目共睹的，只有一点要请你改善，相信你也能够理解……"

3. 重褒其"优"，略避其"劣"

高强是工厂的一名班组长，最近他的班组调来一个名叫杨刚的人，别人对杨刚的评语是：时常迟到，工作不努力，以自我为中心，喜欢早退。过去的班长对杨刚都束手无策。第一天上班，杨刚就迟到了 5 分钟，中午又早 5 分钟离开班组去吃饭，下班铃声响前的 10 分钟，他已准备好下班，次日也一样。高强观察了一段时间，发现杨刚缺乏时间观念，但工作效率却极佳，而且成品优良，在质管部门都能顺利通过。于是，高强对杨刚的迟到早退未置一词，只是微笑着打招呼。时间久了，杨刚反而觉得过意不去了，心想：过去的班长可能早就对我大发雷霆了，至少会斥责几句，但现在的班长毫无动静。

感到不安的杨刚，终于决定在第三周星期一准时上班。站在门口的高强看到他，便以更愉快的语气和他打招呼，然后对换上工作服的杨刚说："谢谢你今天能准时上班，我一直期待这一天，这段日子以来你的成绩很好，如果你发挥潜力，一定会得优良奖。"虽然杨刚没有立刻改掉所有的缺点，但遵守上下班时间和工作情绪方面，几乎判若两人。

4. 以褒扬的方式结束批评

不能在友好的气氛下结束的批评，不能算是真正的结束，不要在事情还没有解决之前，就暧昧地搁置下来，到后来再进行一次讨论，应该在有了结论之后即刻结束批评。你可以莞尔一笑："我知道你是信得过的人"或"我相信你能够抓住要领，请你好好干下去"，千万不要这样："我教你之后，不可以再犯错"或"我希望很快就能看到你好的表现，不然的话……"

富兰克林年轻的时候并不圆滑，但后来变得富有外交手腕，善与人应对，因而成了美国驻法大使。他的成功秘诀是："我不说别人的坏话，只说别人的好处。"

说话要留有余地，不能当众驳别人的面子

在人际关系中，出于各种原因有时我们会驳别人的面子，这种事情如处理不当，便容易得罪人，结仇家；别人有愧于你，也应该“得饶人处且饶人”，但“饶人”的表示又不能生硬；向心爱的人倾诉衷心，也要委婉含蓄，力戒鲁莽。利用话里藏话暗示他人，是时刻离不开的奥妙技巧。

1. 拒绝有方

有些求人的人，由于种种原因，不好意思直接开口，喜欢用暗示来投石问路。这时你最好用暗示来拒绝。

两个打工的老乡，找到城里工作的刘某，诉说打工之艰难，一再说住店住不起，租房又没有合适的。言外之间是要借宿。

刘某听后马上暗示说：“是啊，城里比不了咱们乡下，住房可紧了。就拿我来说吧，这么两间耳朵眼大的房子，住着三代人。我那上高中的儿子，没办法晚上只得睡沙发。你们大老远地来看我，不该留你们在我家好好地住上几天吗？可是做不到啊！”

两位老乡听后，就非常知趣地走开了。

2. 指责有术

一般说来，争辩中占有明显优势的一方，千万别把话说得过死过硬，即使对方全错，也最好以双关影射之言暗示他，迫使对方认错道歉，从而体面地结束无益的争论。

有一个机关工作人员在一家餐馆就餐时，发现汤里有一只苍蝇，不由得大动肝火。他先质问服务员，对方全然不理。后来他亲自找到餐馆老板，提出抗议：“这一碗汤究竟是给苍蝇的还是给我的，请解释。”那老板只顾训斥服务员，却全然不理睬他的抗议。他只

得暗示老板："对不起，请您告诉我，我该怎样对这只苍蝇的侵权行为进行起诉呢？"那老板这才意识到自己的错处，忙换来一碗汤，谦恭地说："你是我们这里最珍贵的客人！"显然，这个顾客虽理占上风，却没有对老板纠缠不休，而是借用所谓苍蝇侵权的类比之言暗示对方："只要有所道歉，我就饶恕你。"这样自然就十分幽默风趣又十分得体地化解了双方的窘迫。

3. 以喻止兵

在双方激烈的争论中，占理的一方如果认为说理已无法消除歧见时，不妨采取一种外强中干的警示性言语来中止争论，结束冲突。将一个两难选择摆在对方面前，使之失去最后挣扎的基础，就有可能收到警心诫人、平息争辩的效果了。

生物学家巴斯德，一次在实验室工作时，突然一个男子闯进来，指责他诱骗了自己的老婆，争论中对方提出决斗。清白占理的巴斯德完全可以将对方赶出门去，或者奋起决斗，但是那样并不能解决问题，甚至会造成两败俱伤的恶果。这时候巴斯德沉着地说："我是无辜的……如果你非要决斗，我就有权选择武器。"对方同意了。巴斯德指着面前的两只烧杯说："你看这两只烧杯，一只有天花病毒，一只有净水。你先选择一瓶子喝掉，我再喝余下的一瓶，这该可以了吧？"那男子怔住了，他一下子陷入难解的死结面前，只得停止争论与挑战，尴尬地退出了实验室。无疑，正是巴斯德提出的柔中带刺的难题，才最终使决斗告吹。

4. 释义却难

做出一定的解释，借以表达自己的不满。

有一位姓冯的女士因公出差，在火车上与一位看起来挺有涵养的男士坐在一起。这位男士主动和她搭讪，冯女士觉得一个人干坐着也挺乏味的，于是就和他攀谈起来。开始时这位男士还算规矩，和冯女士只是谈谈乘车难的感受以及交流交流对当今社会上一些不合理现象的看法。可不知怎的，谈着谈着，这位男士竟然话题一转，问了冯女士一句："你结婚了吗？"冯女士一听顿生厌恶，于是她态度平和地对那位男士说："先生，我听人说过这样一句话，前半句是'对男人不能问收入'，所以我才没有问你的收入；后半句是'对女人不能问婚否'，所以你这个问题我是不能回答了！请原谅。"那位男士听冯女士这么一说，也觉得有点唐突，尴尬地笑了笑，不再说话了。我们不能不佩服冯女士的应变口才，寥寥数语，既表达了对对方失礼的不满，又没有令对方下不来台，可谓一举两得。

5. 假装糊涂

听话人听出了说话人话中有话，却装作没有听出，使对方无计可施。

例如，小亮对爸爸说："爸爸，今天小刚的爸爸带小刚出去玩了。"小亮的爸爸回答说："是呀，我知道了。"这里小亮的言外之意是想叫爸爸也带他出去玩，小亮的爸爸也听出了儿子的用意，但他故意装糊涂。

6. 暗中交心

从一个人的表情、举止等身体语言能够看出一个人的内心世界。

有默契的恋人往往能从对方的一举一动甚至一颦一笑中体察到他（她）的内心情感。当男友观看节目总喜欢滔滔不绝地发表评论时，女友可以用适当的身体语言来表示内心的不满。比如，神情专注地看电视节目表示无法分心听他的高论，或者找一本杂志来看，以转移视线表示兴趣不一，他慢慢地就会因为自己的见解没有听众就此打住。恋爱时有些感情热烈的男孩子往往难以控制自己的情感，目光或举止会有意无意地流露出某种企盼。聪明的女友该怎样对待这种过分的表示呢？大声地斥责容易伤害对方的感情；任其所为又并非己愿。那么，用愤怒的目光注视他，或者拉下面孔，做出一副冷漠的神情，定能让他知道你内心的不满，继而不敢随随便便。

综上所说，批评别人时，要留有余地，否则只能适得其反，把朋友推得离你越来越远，把成功也推得离你越来越远。

只有了解了事实，才能把握批评别人的尺度

前面关于批评的注意问题已经讲了很多，但只注意到了方法还不够，还要注意讲究批评的尺度。下面介绍几种方式。

1. 揣着同情心批评他人

与人共事，不可能那么一帆风顺，总会有别人出错时需要你提出批评指示。这时，你如果批评指正不当不仅达不到目的，弄不好还会产生副作用。

有一个爱好摄影的人，拿了一叠他自己的摄影作品去拜访一位摄影家，请他批评指正。摄影家把他的作品看了一遍，很热心地告诉他哪一张曝光时间长了一些，哪一张光圈小了一些，哪一张取景需要变换角度……当这位摄影家正在指正的时候，来请教的人总是找一番理由来为自己辩护，不是说当时天气不佳，就是说取景时找不到合适的立足之地等，如此啰唆了半天。

当那个摄影爱好者走了以后，摄影家觉得又好气又好笑。他说："我真傻，何必说那么多的话呢。"其实这种结果是完全能想象得到的，现在的有些青年人就不愿意虚心接受批评。

几年前，法兰克先生的侄女苏珊离开她在美国加州的家，到纽约去做法兰克先生的秘书，那时她才 19 岁，刚高中毕业，对于商业常识和生意上的事一点儿也不了解。然而，她待人做事，却颇为老练。有一段时间，她经常犯一些错误。有一次，法兰克先生真想批评她几句，但再一想，她年纪轻，阅历浅，不可太苛求，于是改用和颜悦色的方法对她说："现在你做错了事，自然是难免的，我在

你这个年纪的时候，做的错事比你多得多，所以我相信将来随着年龄的增长你一定会增长才干的，现在你照着这样做不是好多了吗？”先承认自己有错，然后再指出别人的错误，更易令人接受。

人们做错了事，或做了件吃亏的事，除非他自己主动告诉你时，才会坦白地承认错误，但如果是你主动指出他的错误，那么他一定找出种种理由加以辩解。你可以在周围的朋友或家人中试试看，无论是小疏忽还是大错误，没有几个人能在别人指出后立即坦率地承认错误。所以，批评他人时，一定要讲究方法，态度要诚恳。

2. 批评不可一视同仁，全盘否定

不同的人由于经历、文化程度、性格特征、年龄等的不同，接受批评的承受力和方式有很大的区别，这就要求批评者根据不同批评对象的不同特点，采取不同的批评方式。

不同的人对于同一的批评，会有不同的心理反应，因为不同的人，性格与修养及对问题的看法都是有区别的。

我们可以根据人们受到批评时的不同反应，将人分为迟钝型反应者、敏感型反应者、理智型反应者和强个性型反应者。反应迟钝的人即使受到批评了也满不在乎；反应敏感的人，感情脆弱，脸皮薄，爱面子，受到斥责则难以承受，他们会脸色苍白，神志恍惚，甚至会从此一蹶不振，意志消沉；具有理智的人在受到批评时会感到有很大的震动，能坦率地认错，从中吸取教训；具有较强个性的人，自尊心强，个性突出，“老虎屁股摸不得”，遇事好冲动，心胸狭窄，自我保护意识强，心理承受能力差，明知有错，也死要面子，受不了当面批评，并且也不会轻易改正其缺点。

针对不同特点的人要采用不同的批评方式。对自觉性较高者，应采用启发做自我批评的方法；对于思想比较敏感的人，要采用暗喻批评法；对于性格耿直的人，采取直接批评法；对问题严重、影响较大的人，应采取公开批评法；对思想麻痹的人应采取警示批评法。

在进行批评时切忌一视同仁，方法单一，死搬硬套，应灵活掌握批评的方法。

正确的批评要求细密周到，恰如其分，普遍性的问题可以当面进行批评，对于个别现象就应个别进行。另外，也可以事先与之沟通，帮他提高认识，启发他进行自我对照，使他产生“矛头不集中于‘我’”的感觉，主动在“大环境”中认错。

同时，批评不可全盘否定，别人犯的什么错误就应对其错误加以批评，使其及时改正，不可一概而论。

3. 道听途说捕风捉影不可取

邓小平同志强调：“批评的武器一定不能丢。”可时下，批评在一些人特别是一些领导人中却开展不起来，走过场，不愿批评、不能批评、不敢批评的现象较为普遍。造成批评难、难批评的原因很多，但其中一个重要的原因是批评的语言艺术不高，把握不住批评的事实根据，也可以说不善于批评。

一般说来，无论是批评者还是被批评者，对批评都有一种戒备心理。“良药苦口利于病，忠言逆耳利于行。”古人把“忠言”与“苦药”等同，足见批评的话确实不中听，通常是“逆耳”“伤耳”“刺耳”。批评者批评别人虽然是发自内心的，确实是出于爱护、关心、保护的目的，但因有时捕风捉影了，无事实根据，使被批评者产生抵触情绪，甚至反戈一击。因此开展批评时，一定要讲究艺术，像药师把“良药”变成胶囊，外包糖衣，这样既易进口，又能利病一样。

有四个小孩放学回家，走在路上。有一个小孩发现路旁一户人家的桃树结满了红彤彤的桃子，便提议大家一起去偷摘。其中有个叫郑刚的小朋友当即劝阻他，说别人家的东西不要随便拿，可另外三人执意要去摘，结果被户主发现了，撵到了这四个小孩的家里指责其家人没有对小孩严加管教。

郑刚的父母一听户主的指责，不分青红皂白，就批评郑刚说：

“我们几乎天天都教育你，不要拿别人的东西，你为什么不听话？”可此时，郑刚纵有千张口也难以磨平父母的怨气。

上例中，郑刚的父母就犯下了一个错误，他们没有了解情况，见人家说自己的小孩偷桃子，未经仔细询问、调查就给孩子当头一棒，这样的批评无疑是错误的。因此，我们在实施批评之前，一定要做深入细致的调查研究，弄清问题的症结，并对产生问题的原因做具体的分析，分清哪些是主观因素，哪些是客观因素，然后再进行批评。

只有了解了事实，你才能清楚地判断是否有必要提出批评；提出忠告的角度怎么选择；批评以后会有怎样的效果。如果你是凭借听到的信息忠告别人，容易引起误解。这时补救的办法是与他沟通，听听他怎么说，等了解清楚事实之后再想办法消除误解。

既要指出对方的错误，又要保留对方的面子

在工商界赫赫有名的高先生，他从不用命令式的口吻和别人说话。他要人家遵照他的意思去工作时，总是用商量的口气去说。譬如人家说：“我叫你这么做，你就这么做。”他就不这么说，而是用商量的口气说：“你看这样做好不好呢？”假如他要他的秘书写一封信，他把大意和要点讲了之后，会再问一下秘书：“你看这样写是不是妥当？”等秘书写好后请他过目，他看到需要修改的地方，他又会说：“如果这样写，你看是不是更好一些？”他虽然处于发号施令的地位，可是他懂得对方是不爱听命令的，所以不应用命令的口气。

假使在一个盛夏的中午，一群工人正憩息着，一位监工走过去把大家臭骂一顿，说是拿了工资不该在此偷懒！工人们畏惧监工，当然是立即站起来工作去了；可是当监工一走，他们便又停下来休

息了。如果那位监工上前和颜悦色地说："今天天气真热，坐着休息还是不停地流汗，这怎么办呢？朋友，现在这项工程很重要，已到了关键时刻，我们忍耐一下来赶一赶好吗？我们早一点干完了，可以早一点回去洗一个澡，休息一下，你们看怎么样？"相信工人们会一声不响地自觉自愿地去工作了。

有时候，人难免因一时糊涂做一些不适当、错误的事。遇到这种情况，就需要把握住指责别人的分寸：既要指出对方的错误，又要保留对方的面子。这种情况下，如果分寸把握得不适当，就会使对方难堪，破坏交往的气氛和基础，并因此而带来一系列严重的后果；或者让对方占便宜的愿望得逞，给己方造成不必要的损失。

心理学家研究表明，谁都不愿把自己的错处或隐私在公众面前曝光，一旦被人曝光，就会感到难堪或恼怒。因此，在交际中，如果不是为了某种特殊需要，一般应尽量避免触及对方所避讳的敏感区，避免使对方当众出丑。必要时可委婉地暗示自己已知道他的错处或隐私，便可造成一种对他的压力。但不可过分，只需"点到而已"。

《韩非子》中说："夫龙之为虫也，柔可狎而骑也，然其喉下有逆鳞径尺，若人有婴之者，则必杀人。人主亦有逆鳞，说者能无婴人主之鳞，则几矣！"

龙在温驯的时候，人可以骑在它的背上，但是它咽喉下有直径一尺左右逆生的鳞，如果有人触及那片逆鳞，它必定会吃掉你。如人与人之间的相互攻击。

如果作为上司以有错为借口盛气凌人地叱责他，使他感到无地自容，那么你就应当小心了，因为他总有一天会报这一箭之仇的。因此，即使应该叱责下属时，也要为其留一点退路。与人争辩时也一样，以严密的辩论将对方驳倒固然令人高兴，但也未必非将对方批驳得体无完肤不可。因为只要略想就可知道，这样做其实是很愚蠢的，不但对自己毫无好处，甚至有时还会适得其反，得不到下属的认可，而且终究有一天会自食恶果，受到下属的攻击。

所以，当我们和下属发生摩擦时，首先要了解他的想法，然后在顾及他颜面的前提之下，陈述自己的意见，给下属留有余地。这一点是一个作为上司的人都必须时刻牢记的。

一个人的成功，百分之八十五取决于沟通

每个人在不同的环境和心情下，对别人发出的信息所产生的感觉都会不相同。所以，要想让自己的话在对方思想上产生共鸣，必须考虑当时的语言环境、场所、时机、对方的心情等等。比如：想向某人提意见，当他（她）心平气和的时候肯定比心烦意乱的时候更容易听得进去；在别人闲散的时候，而不是紧张忙乱的时候谈论那些轻松的话题，肯定更妥当；跟恋人约会时，选择幽雅安静的环境肯定比选择嘈杂的环境更能表达柔情蜜意。人的心情是受环境影响与制约的，因此善于选择和营造恰当的语言环境，也是掌握说话艺术的一项重要的内容。

不同的说话方式之所以会带来不同的反响与结果，就在于说话是一门技巧性很强的艺术。掌握它，会给自己制造一个融洽的环境，一片任意驰骋的天空。

如果你经常出言不逊，与别人发生误会与争吵，那么你将不可能获得别人的同情、合作以及帮助。作为一个现代人，我们不仅要有自己独特的思想和见解，而且应掌握说话这一在交际中应用最直接、最广泛、最普遍的艺术技巧。

就说话而言，它既是最简单的事，又是最困难的事。说它简单，是因为连蹒跚学步的孩童也能咿咿呀呀地表达自己的意愿。说它困

难，是因为要想把话说得恰到好处，需要博学多识、敏锐的洞察力和见机行事。

说话是思想的外在流露，是我们广泛交友的工具，也是我们在四面楚歌时披荆斩棘的一把利器。刘勰在《文心雕龙》中对说话作出了较高的评价：“一言之辩，重于九鼎之宝；三寸之舌，强于百万之师。”历史上，陈轸明其言，而敌军卷甲而去；苏秦行其说，而促成合纵抗秦联盟；诸葛亮舌战群儒，说服孙权联刘抗曹，而获赤壁大捷。“一言以兴邦，一言以丧邦”，掌握了说话的艺术，你就得到了一个成功的法宝。

追古思今，我们的生活同样也是现实且残酷的，无论是否愿意，那些令人尴尬、窘迫的境况总会不期而至，扰乱正常的逻辑思维，使人难以应对自如。在很多时候，你想拥有一份友谊、稳定住一个客户、做成一笔生意，是否能轻易地实现？当你想批评、赞美、拒绝一个人时，是否也能让他心悦诚服？所有这些无疑都需要你把握交友说话之道的艺术技巧。

随着时代的发展，“鸡犬之声相闻，老死不相往来”早已成为明日黄花，我们不得不走出家门，走向社会。这时，交际能力在一个人的成长、工作、生活中起到了举足轻重的作用。说同样的话，为什么有的人能得到认可，而有的人却只能被否定；办同样的事，为什么有的人雷厉风行、一帆风顺，而有的人却屡次碰壁、寸步难行？同样是人，为什么有的人能广结人缘，而有的人却知己甚少？难道是因为他们长相出众、招人喜爱？还是因为他们讲哥们儿义气？或者善用花言巧语迷惑人心？

其实，这些都不是。姣美的容颜终会被岁月腐蚀；讲义气的人也会因一时偏激而铸成大错；花言巧语如同一张薄纸，一戳即破。而那些能在人际交往中左右逢源的人并没有什么秘诀，他们只是把握了交友说话的分寸和尺度罢了。

人们活着，不仅仅是为了生存，而是为了做成一些事情，成就一些事业，实现为自己、为他人、为社会而设定的理想和目标。而抵达这一理想境界的通行证就是人的言行。朱自清曾说过：“人生不外言动，除了动就只有言，所谓人情世故，一半儿是在说话里。”戴尔·卡耐基也曾说过：“一个人的成功，约有15%取决于知识和技术，85%取决于沟通。”只要掌握会说话的技巧，就能凭借驾驭谈吐和办事的能力，给自己创造一个融洽的环境，一片任意驰骋的天地。

说话办事，讲究场合很重要

人际交往中，说话办事讲究场合非常重要。因为有些话，在某些场合说出来容易引起歧义。

俗话说，“紧睁眼，慢张口”。不同的说话场合有不同的说话分寸，比如，结婚、过生日、乔迁、庆功、表彰、剪彩等场合，表达只能是愉悦、欢快、祝贺、颂扬性的；奔丧、吊唁、追悼等场合，表达只能是沉痛、悲哀、忧戚、肃穆性的；探病、问安、拜望等场合，表达只能是宽慰、祝愿、企望、仰慕性的；群众集会，表达只能是庄重、严肃性的；私人交谈，表达只能是轻松、随和、自由性的。

说话的目的是办事，但是如果不注意说话时机和场合，反而会弄巧成拙。

小王爱在业余时间玩扑克，经常玩到深更半夜。妻子露露对丈夫的这一做法很不高兴，下决心要管管他。一天晚上，正值小王与同事们打牌玩到兴头上，露露来叫丈夫。小王答应马上回去，让她先走。露露不干，说：“不行，你必须这就跟我回家！”并动手拖他走。小王觉得妻子在家里管这管那可以，现在管到外边来了，真是丢面子。他越想越气，忍不住当着别人的面打了妻子一耳光。露露惊呆了，然后捂着脸跑回了家。

小王沉溺于打牌不对，打妻子更不对。但是露露在这件事中就没有责任吗？做妻子的又怎么能在大庭广众之下掉他的价呢？假如妻子能换种方式，说家里来客了，或说孩子有病了，找个借口，也算给丈夫一个所谓“男子汉”的面子，丈夫总不至于打她一巴掌吧！更何况，守着那些牌友，做出这不该做的举动，牌友们又会有什么感觉呢？以后又会有谁能毫不介意地与丈夫交往呢？

俗话说：“当面教子，背后教妻。”教子是因为孩子是未成年人，无论你在什么场合下教育他、训斥他都不会有损于孩子的身份，而且还能给他以警示作用。相反，如果对待妻子也像对待孩子一样，在众人面前训斥她，则必然会损伤妻子作为成年人的尊严，让她下不来台。同样，做领导的批评下属，也要讲究一定的场合，有些情况，你可以在大会上指名点姓地公开批评；有些情况，你就得背后找他私下交谈。你尊重他，他反过来也会尊重你。

一对新人举行婚礼，晓琳是新娘的好友，自然由她做了伴娘。结婚庆典结束后，开始了热闹的婚宴，新郎新娘开始逐桌给来宾敬酒。晓琳跟在新娘的身后，不时帮她递上酒杯什么的。突然晓琳感觉脚下不对劲，低头一看原来是自己的高跟鞋的鞋跟不知怎么断了。她又尴尬又生气，忍不住嘟囔了一句：“真倒霉，什么破鞋。”这句话就像一声雷，被周围的人真真切切地听到耳朵里去了，气氛一下子尴尬无比。晓琳抬头一看，只见新娘新郎都对她怒目而视。晓琳当时就反应过来了，心里一下子又愧又急，对新娘充满歉意的她感觉很难面对这样的窘境，于是找了个借口匆匆离去了。至今，晓琳的小姐妹还对她在婚礼上的口不择言很不满。

结婚典礼是每对新人最喜庆吉祥的日子，在那个欢乐的气氛中，到处都是祝福之词，即使不经意间的一句话，也可能令人心生不快，甚至隔阂。上文中晓琳的那句话显然太不合乎时宜，难怪她的小姐妹很久都不原谅她。

还有一些场合，即使口才好也派不上用场，甚至还会产生副作用。比如一个人情绪失控的时候，这时你无论说什么都没有用，不如等他冷静下来再同他交流。

总而言之，说话办事要动脑筋，注意观察，看一看时间、地点、对象，只有这样才能使自己达到说话办事的目的。

隐而不白、柔而不弱、闪而不避

隐讳的语言是说话艺术的一种表现形式，它与油腔滑调，旁敲侧击，甚至指桑骂槐是截然不同的。隐讳的语言只是一种语言表达方式，而意思则必须是要坚持原则，态度明朗，情感真挚。

隐讳的语言表达了说话者的一种谦和的态度，这种情感必须是真诚的，在表现上是庄重的、有礼貌的、有分寸的。过分狂热肉麻的话只能令人腻烦，过于凄凉的话又令人感到冷漠。

隐讳的语言的运用体现了对对方的尊重，对别人尊重的同时也体现了对自己的尊重。它能体现出一个人的知识素质和处世态度。一个斤斤计较、心胸狭窄的人是很难做到宽容大度的。宽容是一种美德，隐讳的语言则是这种美德的外在表现。

隐讳的语言与隐晦、含混是有区别的。它虽然不是直截了当地说出来，但仍要求表意明确，叫听者脑子一转就能明白，或依靠语境的提示、暗示等很快领会表达者的本意。

一位记者向扎伊尔总统蒙博托说：“你很富有，据说你的财产达三十亿美元！”显然，这一提问是针对蒙博托本人政治上是否廉洁而来的。对于蒙博托来说，这是一个极其严肃而易动感情的敏感问题。蒙博托听了后发出长时间的哈哈大笑，反问说："一位比利时议员说我有六十亿美元！你听到了吧？"

记者的提问显然是认为扎伊尔总统蒙博托不廉洁，但并没直说，而是用引证的方式来委婉表达的；蒙博托如果发脾气正颜厉色地驳斥，既有失风度，又有"此地无银三百两"之嫌；心平气和地解释恐怕也行不通，谣传的事情能够三言两语澄清真相吗？于是蒙博托除了用"长时间的哈哈大笑"这种体态语言表示不屑一顾外，还引用了一位比利时议员的话来反问记者，似乎在嘲弄记者的孤陋寡闻，但实际上是以更大的显然是虚构的数字来间接地否定了记者的提问。

有的人说话吞吞吐吐，词不达意，是说话者本身思维不清晰；有的人拐弯抹角、含沙射影，是说话者心术不正。

好的隐讳的语言，应该是隐而不白、柔而不弱、闪而不避、曲而不涩。用这样的语言表达的含义可能会比直接表达给人的印象还要深刻。

一次在酒家里，一位外宾吃完最后一道菜，顺手把制作精美的景泰蓝食筷"插入"自己的口袋。

这时，服务小姐看到了，但她没有当场给以难堪，而是不露声色地迎上前去，双手捧着一只装有景泰蓝食筷的绸面小匣说："先生，我发现您在用餐时，对我国景泰蓝食筷颇有点爱不释手之意。非常感谢您对这种精细工艺品的赏识。为了表达我们的感激之情，经经理同意，我们把这双图案最精美的景泰蓝食筷赠送给您，并按最优惠价格，记在您的账上，您看好吗？"

那位外宾自然明白这些话的弦外之音，在表示谢意之后，他借口多喝了两杯，误将食筷插入衣袋，从而借此下了台阶。

中国的景泰蓝工艺，堪称世界一绝。某一外宾爱不释手，并想趁机浑水摸鱼，据为己有，也情有可原。但如果听之任之则国家不仅受损，而且还会引起连锁反应式的严重后果。因此，制止是必要的，但不能直言不讳地指责，那样会置对方于难堪的境地，也会造成影响形象甚至破坏国际关系的严重后果。于是，服务小姐用夸赞的方式感谢外宾对这种精巧工艺品的赏识，并用另赠一双景泰蓝食筷的方式提醒对方，从而收到了良好的交际效果。

第二次世界大战后，有一位记者问萧伯纳："当今世界上你最崇拜的是什么人？"

萧伯纳答道："我们刚从大战中解脱出来，世界文明之所以免遭法西斯蹂躏和毁灭，实应归功于苏联红军打败了德国法西斯，而他们的统帅是斯大林元帅。要说我所崇拜的第一个人，首先应推斯大林，是他拯救了世界文明。"

记者一想，便知道了萧伯纳的话中之意，就接着说："阁下说到第一人，那么第二人呢？"

萧伯纳回答："我所崇敬的第二个人是爱因斯坦先生。因为他发现了相对论，把科学推向一个新的境界，为我们的将来开辟了无限广阔的前景，他对人类的贡献是无可估量的。"

记者又问："世界上是不是还有阁下崇敬的第三个人呢？"

萧伯纳微笑着答道："至于第三个人嘛，为了谦虚起见，请恕我不直接说出他的名字。"

记者被萧伯纳的幽默引得大笑起来，频频点头，欣然而别。

萧伯纳非常自信，也非常幽默。关于最崇拜的人，他以对世界文明作出的巨大贡献为标准列举了政治的代表斯大林和科学的元勋爱因斯坦，至于第三个人，却"恕不直言"，戏谑的谦虚，巧妙的暗示，把对自己的夸赞幽默地表现了出来。

在恰当的时间，以听代说

许多人在交往中往往话语比较多，甚至有时口若悬河，滔滔不绝。其实让交谈能顺利进行，还有一种无声的语言——以听代说。在恰当的时间，恰当的话题，成为谈话中以听为主的听众，给发话者以呼应，或赞成，助其深入；或反对，引起思考，也能表现出你的说话水平。

有的人在谈话中，喜欢不给他人插话的机会，或者是没有给他人留下足够的时间表达自己的意见。谈话不是演讲，不是个人表演的独角戏，而是双方交流的活动。在谈话中，只以自己为中心，好像他人都不存在似的，长久下去，会令人生厌。表面上看起来，谈话场面很热烈，而实际上，因为缺少其他人的参与，呈现出外热内冷的局面。

这里有性格方面的原因，有的人天性就爱在他人面前表现自己；也有不善于运用谈话技巧方面的原因，不管出于哪种原因，都是一种不良的表现。切记，沟通是谈话最重要的目的，只有双向交流，才可以使谈话场面热烈，气氛和谐。

1. 避免把自己的观点强加给他人

当今的社会，是个多元化的社会，人们的人生观、价值观千差万别。对同一事物，不同的人有着不同的看法，我们能说服自己，未必能说服他人。既然大家都有存在的道理，又何必整齐划一呢？在谈话过程中，难免会有激烈争论的时候，但要记住：我们谈话的过程就是交流的过程。只要对方不是根本性的错误，只是不同而已，我们可以保留自己的意见，避免把自己的观点强加给对方。尤其是初次相逢的陌生人之间，更不宜如此。

2. 表现出对他人话题的兴趣

在谈话时，我们如果对他人的话题表现出极高的兴趣，就会激发谈话者谈话的热情。而另一方面，如果对他人的话题兴致不高，表现出漠不关心的态度，谈话者的谈话情绪就低落。然而在谈话中，话题各种各样的都有，并不是每一个话题自己都感兴趣。但是，即使对对方的话题自己既不感兴趣，又超出了自己的知识结构，也不要流露出来。相反，自己可以要求对方以通俗的语言给自己讲讲，顺便适当地恭维几句，谈话场面一定会热烈起来。

3. 及时地反应参与者的反馈信息

一般来说，人总是喜欢和自己有共识的人谈话。我们经常可以听到不愿和他人讲话的借口："没有共同语言。"应该说，大家出于某种原因，突然聚集在一起，谈起话来，共同语言会更少，这是情理之中的事。但是，我们可以在原则的范围内，尽量扩大与其他人的共识。虽然有时只是附和而已，但也可以收到类似善意谎言的良好效果。

为此，一定要体察他人在谈话参与中的微妙变化，主动、及时地反应参与者的反馈信息，调整自己的姿态，用一种虚怀若谷的气势，容纳他人的看法，这样也可以增强自己的亲和力。

拒绝别人，要讲究一定的原则

然而，拒绝别人也是有讲究的。拒绝得法，对方便心服情愿，如果拒绝不得法，会使人感到不满，甚至对你怀恨在心。

现在我们来研究一下拒绝的艺术。

一位朋友曾说过这样的事："近来有许多推销员登门入室兜售物品。这些人口齿伶俐，对你缠绕不休，一个个都有一套让你非买他东西不可的本事。我对这种人实在是应付不了。”

“你可以拒绝呀！”另一位朋友对他说。

“拒绝也不是一件容易的事啊！”他说，“那些推销员根本不把你的拒绝放在眼里，他们有一套激起你兴趣的方法，吸引你注意，挑动你的购买欲望，使你最终买下他的东西。许多人因为不知道如何拒绝而买了他的东西。”

这位朋友的话也许过分夸张了一些。一般来说，你如果被那些推销员干扰，你坚决说一个“不”字，他们是毫无办法的，这难道不是个简单的办法吗?

事实和我们想象的总会有些不同，虽然你硬着头皮说个“不”字，有时竟会出现你意想不到的结果。有一次，一家保险公司的所谓“外勤员”到一位编辑的办公室来兜售生意，整整谈了一个上午，这位编辑始终用一个“不”字来拒绝，结果那位“外勤员”只好怏怏退出了。

几天之后，这位编辑的同事来告诉他，一个胖胖的青年人在外面口口声声地在破坏他的名声。这位编辑非常惊奇，因为在工作中或工作以外他并没有仇人。直到同事说那个青年人的下巴上有颗痣，这才恍悟，原来是那天被他拒绝的那个“外勤员”。

所以说，拒绝人家不得方法，实在会带来很多的麻烦。例如，一个素行不良的朋友来向你借钱，你明知道把钱借给他就像肉包子打狗一样有去无回；一个相识的商人向你推销商品，你明知买下了就会亏本……诸如此类的事你必定加以拒绝。可是拒绝之后，就有可能断绝交情，引人恶感，被人误会，甚至埋下仇恨的祸根。

要避免这种事情发生，唯一的方法是要运用聪明的智慧。学习这种拒绝的方法要注意下列几项原则：

你应该向对方解释拒绝的理由。

拒绝的言辞最好用坚决果断的暗示，不可含糊不清。

不要把责任全推到对方身上。

注意不伤害他的自尊心，否则定会迁怒于人。

让对方明白你的拒绝是万不得已，并表示抱歉。

有时为了拒绝别人，含糊其词地去推托："对不起，这件事情我实在不能决定，我必须去问问我的父母。"或者是："让我和孩子商量商量，决定了再答复你吧。"

但是，这种方法太不干脆了。有些人可能认为这是拒绝的好办法，既不伤害朋友的感情，又可以使朋友体谅你的难处。但这种敷衍的结果是，对方还会再三来缠扰你，当他终于发觉这是你的拒绝，以前的话全是敷衍、骗人的推托之词时，不但会使他怨恨你，而且也暴露了你致命的弱点：懦弱和虚伪。

如果换一种情况，你的上司或主管针对一项措施征求你的意见时，你居于责任的缘故，必须表明你是反对还是赞成时，你又该怎么办呢？

让我们来举一个例子：

美国一家贸易公司的经理设计了一个商标，开会征求各部门的意见。

经理报告说："这个商标的主题是旭日，象征希望和光明。同时，这个旭日很像日本的国旗，日本人看了一定会购买我们的产品的。"

然后他征求各部门主任的意见。营业主任和广告主任都极力恭维经理构思的高明。最后轮到代理出口部主任的青年职员发表意见，他说：

"我不同意这个商标。"全室的人都瞪大了眼睛看着他。

"怎么？你不喜欢这个设计？"经理吃惊地问他。

"我倒不喜欢这个商标。"青年人直率地回答。其实从艺术的观点来说，这位青年人的确是有点讨厌那个红圈圈，他明白，和经理辩论审美观是得不到什么效果的，所以他只是说："我恐怕它太好了。”

经理笑了起来，说：“这倒使我不懂了，你解释一下看看。”

“这个设计鲜明而生动自然是毫无疑问的，因为与日本的国旗相似，无论哪个日本人都会喜欢的。”

“是啊，我的意思正是如此，这我刚才已经说过了。”经理有些不耐烦地说。

“然而，我们在远东还有一个重要市场，那就是华人社会，包括中国、中国香港，以及东南亚国家，这些国家和地区的人们看到这个商标，也会想到日本的国旗。尽管日本人喜欢这个商标，但是由于历史的原因，这些国家和地区的人们就不一定喜欢，甚至可能产生反感。这就是说，他们不愿意买我们的产品，这不是因小失大了吗？照本公司的营业计划，是要扩大对中国和东南亚国家及地区贸易的，但用这样一个商标，结果是可想而知的。”

“天哪！我怎么没有想到这一点，你的意见对极了！”经理几乎叫了起来。

这位青年如果也是和其他人一样地对经理唯命是从，让旭日做成商标，将来产品销到远东之后，生意清淡，存货退回，那时即使意识到其原因是商标问题，也无可挽回了。况且那位代理出口部出席那次会议的青年能推卸责任吗？要向一位有权威的人表示反对意见或拒绝，你必须有充分的理由，更要说得他完全信服。因此，技巧的运用不能不讲究。你看上述例子中，那位青年一句“我恐怕它太好了”这样的恭维话，先满足了经理的自尊心，同时也不会使他产生不悦。然后，你再陈述充分的理由，经理也就不会因此而觉得难堪了。

所以说，拒绝也是有技巧的。

笑着拒绝，不需要理由

在人与人之间的交往中，每个人都有邀请他人和被他人邀请的时候，你有权利邀请他人，同样，你也有权利对他人的邀请说“不”但回绝他人时都会遇到一个难题，就是不想伤害别人的感情，但是却因为各种原因而不能接受他人的邀请，因此常常给自己带来许多烦恼。那么，要想摆脱这种烦恼，只有一种方法，就是在权衡利弊之后，果断地拒绝你本该拒绝的邀请。这就需要你掌握好拒绝的方法。

其实邀请也分为许多种，现主要介绍朋友的邀请和求爱的邀请。

面对朋友的邀请，应该怎样做呢？

1. 笑着拒绝，不需要理由

笑一笑，说：“不必了，谢谢你。”既然不欠别人什么，只要待他有礼貌就可以了。你没必要说明理由，除非你愿意那样做。

2. 直言不喜欢某种活动

虽然你对这个人感兴趣，但是不喜欢他提议的活动，那就直接告诉他。告诉他你喜欢什么，看他是不是也感兴趣。例如，张华与周强在一次座谈会上相识，双方颇有好感，周末，张华邀周强一起去听音乐会，可周强对听音乐会不太热衷，于是周强对张华说：“今天的天气这么好，我们到郊外玩好不好，那里空气清新，比在音乐厅里听音乐舒服多了。”张华一听说：“好啊，那我们就去郊外玩吧！”这样张华一点也没有被拒绝的感受。

3. 在感激中拒绝

你既不喜欢这个人，也不喜欢他提议的活动，但是，你却很感激他邀请你，那就把你的拒绝“夹杂”在对他的感谢中间。如果你想找点别的事情来搪塞，别人很容易识破你。但可这样说：“其实能和你一起聊天，我很高兴，虽然我正忙着要去洗热水浴。不过，我很感激你的邀请。”

4. 以某种行动拒绝

如果那人不理会你客气而又坚定的暗示，那就索性离去，找另一个人或另一群。如果某人表现得很不得体，可是只要你一直站在那里和他说话，他就以为他可能会动摇你的决心。行动胜于言语，要相信你的早期预警系统，一旦感到不舒服，就尽快离开那个人，不要等出现了问题再动身。

5. 用推托表示拒绝

如果朋友邀你晚上看电影，而你不想同他交往，但这理由又不能告诉他。你可以对他说：“这部电影是新影片，我也很想看，可是明天要上课，我还有不少作业要做，电影只好割爱了，真对不起。”用其他的事推掉不愿意做的事是最常见的方式。

当我们得到所期望的爱情时，内心会感到莫大的满足和幸福，但当求爱的人是自己不满意或不能当作恋人来喜爱的对象时，就会感到莫大的苦恼。苦恼的根源在于我们既想拒绝这一爱情表白，又怕伤了对方的心。尤其在对方与自己有深厚友谊时，这苦恼就来得更为强烈。

然而，不管多么困难，不能接受的爱情总是要加以拒绝的。只是，要选择好方法和时间。

1. 说话态度要坚决

拒绝别人的求爱难免会给别人带来伤害，但不能因此而犹豫不决。既然是爱上你的人，对你的言行都非常敏感，如果你拒绝的态度不够坚决，很容易造成对方的误会，最后往往会带来比拒绝更大的伤害。

2. 尽力维护对方的自尊

为了减少拒绝给对方的心理带来的伤害，也使对方更易于接受，就必须设法维护对方的心理平衡，尽量减少对方的内心挫折。具体来说，就是你不妨先对对方的人品和才华等加以赞许，然后说明你为什么不能接受求爱的理由；说出的理由要合乎情理，最好从对方的角度提出有利的方面，让对方觉得拒绝也是为了他（她）好；如果必须向旁人做出解释，你不妨把消极原因归于自己，避免给人造成一个“你拒绝了他”的印象。

3. 选择恰当的方式

应该考虑到你们平素的关系和对方的个性特点，选择或冷处理、或面谈、或书信等方式，但建议你不要采用托人转告的方式，因为这显得对对方不够尊重，还可能带来不必要的麻烦。

4. 选择合适的时机

一般来说，不要在对方刚表白了爱情时立即加以拒绝，因为此时对方很难接受；但也不可拖延太久，以免给对方造成误会。当然，具体选择什么时机，要视具体情况而定。

恋爱中，恋人的意见并不都接受且所有都言听计从，恋人的要求也并不能都满足，如何使用否定和拒绝的艺术呢？

1. 寓否定于模糊语言

含糊其词在恋爱口才中意义非凡。女朋友穿了一条裙子，自觉漂亮，在你面前得意地转了一圈后问你：“美吗？”你不仅不认为美，还觉得有点难看，于是你含糊其词地回答：“还好！”只要对方是稍有灵气的女孩，便能体会这句话的真正含义。

2. 寓否定于肯定

你的女友希望你给她买件像样的衣服，于是暗示你：“瞧，人家宁的衣服多漂亮，是男友送的。”但你觉得本季节她的衣服已经够多了，说“不”，女友会觉得你很小气，怎么拒绝？于是你就可以这么说：“的确美，不过我赞赏苏格拉底的一句话：‘女性的纯正饰物是美德，不是服装。’”话的表面并未拒绝，但对方绝不会认为你是同意了，问题在不了了之中解决，谁也不会感到难为情。像这种恋人的要求，你不赞同也不接受，可你的拒绝中就不能有否定词，又令对方能辨出弦外之音，彼此都不会觉得难堪。

3. 寓否定于感叹

你的生日，他送你一套衣服，你不喜欢，艳了些。他问："喜欢吗？"你若直截了当地回答："不喜欢，花里花气的，像什么样！"精心挑选过的他此时一定会觉得很伤心。若答："要是素雅些就更好了，我比较喜欢浅色的。"这话的表面意思仿佛是，你买的也好，不过若素雅些就更好了。但表面肯定的背后是一句否定的意思，只不过说得委婉一些罢了。

4. 寓否定于商量口气

恋人希望你陪她参加朋友的一次聚会，可你觉得目前不便或不妥。于是你用商量的口气说："现在实在没时间，以后行吗？"显然，恋人此时的邀请，有她特定的意义，若以后还有什么意思呢？可你找到这样的借口，她也实在不好勉强。

5. 寓否定于玩笑

通过开玩笑的方式来否定，既可以达到目的，又不至于使双方尴尬，是一种很好的否定技巧。譬如，你男朋友邀请你"上门"，你觉得时机尚未成熟，不可盲目造访，这时你可问："有什么好吃的吗？"你的男友会列出几样东西来，于是你可接着说："没好吃的，我不去。"这是巧妙的玩笑，不仅拒绝了对方的请求，还可避免回答"为什么不去"，真可谓一箭双雕。

Part 6

求人办事，别让『面子』害了你

人该为自己而活，而不是整天都活在别人的眼睛和嘴巴里，所以千万别让面子害了你，更不能因为面子就丢失了自我，丢了做人的尊严和硬气。面子只是锦上添花的东西，而尊严才是我们活下去的动力，做人的尊严，坚持自我的勇气任何时候比面子都重要！

既要有自尊，又不要过分自尊

攀缠术的形式表现为软磨硬泡，听上去好像有些死皮赖脸的味道，实则不然，其实它与沾边要赖、无理取闹有着根本不同。它立足于韧性与耐心，着眼于感化对方，所谓“精诚所至，金石为开”。求人办事的时候，“软磨硬泡”是必不可少的一项基本功。它能以消极的形式争取积极的效果，可以表现自己不达目的不罢休的决心和毅力，给对方施加压力，也可以增加接触机会，更充分地表明自己的态度、思想，从而影响对方，实现求人的成功。

古时候的大臣有不少是这样的“厚脸皮”，他们夹在皇帝与百官之间，有时脸皮若不厚点，恐怕做不出什么实事。

宋朝赵普曾经做过两朝皇帝的宰相，他是个性格坚韧的人。在辅佐朝政时自己认定的事情，就是与皇帝意见相悖，也敢于反复地坚持。

有一次，赵普向皇帝推荐一位官吏，没有被批准。赵普没有灰心，第二天上朝时又向皇帝提出这项人事任命事项，请皇帝裁定，还是没有被答应。赵普仍不死心，第三天又提出来。

连续三天反复地提，同僚也都吃惊赵普何以脸皮这般厚。皇帝这次动了气，将奏折当场撕碎扔在了地上。但赵普自有他的做法，他默默无言地将那些撕碎的纸片一一捡起，回家后再仔细粘好。第四天上朝，话也不说，将粘好的奏折举过头顶立在皇帝面前不动。皇帝长叹一声，只好准奏。

“攀缠术”终于发挥了效果。“软磨硬泡”，不仅要能“泡”，还要会“泡”。换言之，“泡”，不是消极地耗时间，也不是硬和人家要无赖，而是要善于采取积极的行动影响对方、感化对方，促进事态向好的方向转化。对方一时不能合作是常有的事情，不妨一而再、再而三，反复申请、反复渲染、反复强调，那么就一定会精诚所至，金石为开的。

土光敏夫被推举为石心岛芝浦透平公司总经理。当时，日本大战失败，百姓生计窘迫，企业的发展更是困难重重，其中最大的困难就是筹措资金。土光担任总经理不久，生产资金的来源就搁浅了。为了筹措资金，土光不得不每天去走访银行。

这一天，土光端着盒饭来到第一银行总行，与营业部部长长谷川商议贷款事项。土光一来就摆出了不达目的誓不罢休的气势。

长谷川则装出爱莫能助的无奈之态。

双方你来我往，谈了半天也没谈出结果来。时间过得飞快，一看到疲倦的长谷川有点想要溜走的样子，土光便慢条斯理地拿出了带来的饭盒，说："让我们边吃边谈吧，谈到天亮也行。"硬是不让长谷川与营业员走开。长谷川只好服输，最终贷给了他所希望的款项。

土光之所以成功，主要是具备了"软磨硬泡"这项基本功：脸皮厚，不是一见"钉子"就缩头，表达了不达目的不罢休的决心。而且，表面上是"无理"的软磨硬泡，实际上是以真诚感动了对方。

足够的耐心是"软磨硬泡"的前提和基础。当前进受阻出现僵局时，人们的直接反应通常是烦躁、失意、恼火甚至发怒，然而，这无助于解决事情。应该理智地控制自己，采取忍耐的态度。这时，忍耐所表现的是对对方处境的理解，是对转机到来的期待和对求人成功的自信。有了这种心境，就能在精神上使自己处于强有力的地位，能够方寸不乱，调动自己全部的聪明才智，想方设法去突破僵局。即使消耗一定的时间也在所不惜。

我们在求人时，既要有自尊，又不要过分自尊。为了达到交际目的，有时脸皮不妨厚一点，碰个钉子，脸不红，心不跳，不气不恼，照样微笑地与人周旋，只要还有一丝希望就要全力争取。有的人偶尔被对方拒绝了，便一下子失去了托他办事的信心。这样是不行的，这样的心态什么事也办不成。俗话说“张口三分利，不给也够本”，见硬就退是求人办事的大忌。有多少人愿意主动地把好处让给你呢?

信任，是获得友谊最重要的前提

信任无疑是获得友谊最重要的前提，它是交友的基础与不可或缺的内容，假如没有了信任，那么彼此间的关系只能是形同路人，根本谈不上友谊。

从前，有两个年轻人一起穿越一片森林。在路上一个对另一个说：“我们是好朋友，当大熊向你扑来时，我会全力以赴帮助你。”另一个听了他的话笑了笑说：“我也是。”不久，他们果真遇到了一只大熊。大熊笨重地向他们扑来，第一个开口说话的年轻人飞快地爬上附近的一棵树；另一个未能爬上树的便躺在地上屏住呼吸装死，大熊在他脸上嗅了嗅便走开了。爬到树上的年轻人下来后问：“刚才大熊对你说了些什么？”“患难朋友才是真朋友。我记住了这句话。”

魏刚和佟军是从小一起玩泥巴长大的朋友，大学毕业后两人在同一城市工作。佟军经常到魏刚家来玩，魏刚把家门钥匙给了佟军一把，魏刚的家几乎成了佟军的家，佟军对魏刚家的情况了如指掌。魏刚有了女朋友后佟军还是魏刚家的常客。有一天女友的那枚金戒指丢了，那是魏刚的订婚戒指，翻遍了整个屋子都没找到。魏刚问佟军是否看见了那枚戒指，佟军说没见到，还帮他们找了半天。佟军走后女友怀疑是佟军干的，魏刚说他不是那种人。女友说这段时间除了佟军再也没有外人来过。一星期过去了，戒指仍不见踪影。女友要求换锁，魏刚不同意，她又让魏刚把佟军手中的那把钥匙要过来，魏刚更不同意。她说魏刚眼里只有佟军没有她，于是便提出分手。

魏刚只得换锁，换锁时佟军来找魏刚，魏刚很不好意思，佟军主动把钥匙交给了魏刚，他说："为难你了。"听了佟军的话魏刚羞愧难当，便拿起锤子砸新锁，被佟军劝住了，他说："完全不必要砸，换就换吧，只要友谊不上锁。"魏刚会心地笑了。一次洗面镜下的水池堵塞，修理时魏刚在水池管道中找到了那枚戒指，魏刚想，戒指肯定是女友洗脸时不慎掉入池中的，而自己却偏偏没有注意到。魏刚顿时明白，佟军对自己的信任要远远高于一枚戒指，在友谊面前，一枚戒指能算得了什么？这枚戒指让魏刚看到了比金子更可贵的心。

后来魏刚借钱开了一家酒店，由于经验不足刚开业的那段时间生意很冷清，几乎要关门了，但魏刚发现每天晚上总有一个人要来买几瓶很昂贵的酒，买完酒从不在店里喝，提上就走。魏刚问买酒人是怎么回事，他说酒不是他买的，而是站在门外的那个人叫他买的。夜幕中魏刚看清了站在门外的那个人的模样，是佟军！当时魏刚感动得热泪盈眶，两个人紧紧地拥抱在了一起。

友谊不上锁，只有拥有信任，不上锁的友谊才是经得住时间、金钱、地位考验的友谊；不上锁的友谊才是在世俗的是非恩怨中不改变旋转方向的友谊。穿越人生的风风雨雨，危难彰显友谊的力量。友谊是万木凋谢后在寒风中以铮铮铁骨坚守无声的盟约，风折不断、雪摧不垮地将春天的第一声消息和问候吐露给你的那朵红梅。朋友的"朋"是两块肉连在一起的，当一块肉痛时另一块肉也会痛，一块肉笑时另一块肉也一定笑。

将心比心，对待朋友要真诚

人生在世离不开友谊，多一个朋友，等于增加了一种信息源，多了一个保护层，多了一条生活之路，事业之路，快乐之路，所以赢得朋友无疑是社交活动的首要目的。

那么，我们如何赢得朋友并使友谊不断升华呢？

1. 尊重别人的个性和理解别人的缺点

有人认为，只有性格相近的人才能彼此理解，相交成友，其实不然。尽管个性的差异很容易造成人们在行为认识上的距离，给建立友谊带来困难，但任何人都有某些共同的属性，比如，希望被人尊重和理解，希望别人重情谊、讲义气，希望得到别人的帮助，等等。因此，人与人之间都能找到契合点。

与人相交，尊重别人的个性至关重要。在生活中我们都有各自的价值观念和审定善恶是非的标准，需要记住的是，我们自己的并非一定是最好的。有了这条，我们为人处世就易宽容大度，我们就能容纳异己。美国人喜用一句格言：待人如望人待己，求生亦容人求生。说的正是这个意思。如果我们一味以自我为中心，强人所难，那么肯定会失去别人相应的尊重和理解，也就无法与人建立友谊。

人的个性是五彩缤纷的，有人豪爽大度，心直口快；有人谨小慎微，沉默寡言；有人活泼开朗，乐天知命；有人郁郁寡欢，多愁善感。有人粗犷，有人细腻，有人稳重，有人轻飘。这一切就犹如人们的外貌体型有美有丑、有高有矮、有胖有瘦一样正常普通。一般来说，我们不会以别人的高低胖瘦来判定其价值。那么，我们同样不能以别人的个性来做轻易界定。因为个性和品格绝非一回事。

个性的不同不会成为交往的严重障碍，这就要求相交的双方都具有良好的品格和交往的诚意。一旦性格相异的人建立了友谊成为知交，常常还能起到互为补偿的极好作用，粗犷的人往往比较大胆勇猛，细腻的人往往较为耐心周全，两者的结合对彼此都十分有利。

对朋友的缺点，我们应当学会理解和忍让。一个朋友对你说了粗话，过后他早已忘得一干二净，你却耿耿于怀，那么友谊可能在此一点上撕裂。如果你理解这仅仅是他的性格所致，便会付之一笑，不再计较。应该明白一点，是人都有缺点，都不完美，因此不应该把缺点过分放大，缺点就是缺点，如此而已。

2. 及时关心和雪中送炭的帮助

阿强在他的朋友圈子里算不上最出色的一个，无论从家境、职业、才气、体魄各方面讲，他都显得平平常常，但所有的朋友都把他视为知己。他出国的时候，朋友到机场依依不舍地送他。当他同他们一一握别、渐渐走远直至身影消失后，朋友们都突然感到十分怅惘；一阵沉默过后，有一个人首先叹了一句“阿强的走是我们一大损失”，其他几个人也都发出相同的感叹和惋惜。阿强的朋友对他为何如此看重？

用他朋友的话说，阿强平时话不多，也不常参加朋友的聚会，甚至不常到朋友家串门，但他心中始终装着朋友，每当别人需要帮助时，他都会出现。俗语说“患难识知己”，在困难和逆境中得到关心、帮助的人是最易感恩戴德的。同样，能及时地为别人送去帮助的人也最易赢得朋友的信任和忠诚。

朋友之间，如能像《三国演义》中桃园三结义的刘、关、张那样形影不离、情同手足当然不错。然而现实生活中朋友之间绝不可能空闲到日夜相随相伴的地步，即使是经常的谋面在一般友人间也是不易。

为了使友谊之树常青不老，使友情与日俱增，就该像阿强那样心里永远想着朋友，不是在自己需要朋友而是在朋友需要自己的时候出现在他们面前，特别对那些个性较强、不轻易求助于人的朋友来说，别人主动给予的关心和切实有效的帮助能使他们满心感激，刻骨铭心。

3. 中肯的知心话和真诚的安慰

人与人的交往除了在学习、工作、生活中互助外，更重要的是心与心的交流。朋友之别于熟人，知己之别于普通朋友，关键就在于心的交流程度，有些人相识了数十年，仅仅是“相逢开口笑，过后不思量”。碰在一起时，也会有一句句客套的寒暄，有滔滔不绝的家常话，有天南地北的吹牛聊天，但从不能发展和增进彼此的关系。另一些人相识不久便一见如故，成为知心好友。套一句名言“山不在高有仙则灵”，是说人与人之间是话不在多，中肯贴切则灵。要交朋友，要发展友谊，彼此说说知心话是必不可少和绝对需要的。

大家都有这样的经验，当我们同某一个人的交谈不再是海阔天空、漫无边际的闲聊或者是一本正经、礼貌周到的侃侃而谈，而是进入推心置腹的感情交流时，我们会觉得自己同交谈者的关系自然而然地深化了一层。在异性间，这能导向爱恋，在同性间却能导向友谊。

说知心话的前提是彼此间的坦诚和敞开心扉，只有如此才能形成心与心的交流。其次是彼此恰到好处的呼应，如果有人向你坦露了心事或秘密，你却处之泰然、无动于衷，那么别人会觉得误入歧途，再也不敢深谈下去，你也就失去了别人的信赖和友情。

当我们向别人述说心里话时，至少证明了我们对那个人的信任，同时表达了我们对他的评价。因此，听的人便会觉得与讲的人之间具有非同一般的关系，会觉得自己负有了一种认真倾听并为讲述者进行分析思考、出谋划策的责任，同时为获得了别人的信任而欢欣鼓舞。如果这个人也有一些心里话积压着想找人诉说，在这时往往会作为回报。于是两人关系就有了飞跃，普通的人就可能成为朋友，一般的友人就能变为知己。

如果我们能够根据以上几点要求，将心比心，真诚地对待朋友，我们必定都能拥有美好、长久的友谊。

为了消除寂寞，我们需要结伴而行

一位同学愤愤不平、委屈不已地向我讲了这么一件事：他听到别人在背后议论某某人，出于对朋友的关心（他一直把这个人当作自己的朋友），他把别人的议论转告给了这个人并提醒他要加以注意。不想这个人竟然恼羞成怒，不但没有接受他的忠告，反而指桑骂槐地对他进行责骂和讥讽。他惊怒之余大惑不解：自己的朋友怎么会这样？我听了以后淡然一笑，对他说："是你自己太单纯了，其实你们根本就不是朋友。""不是朋友？我们天天在一起玩，很不错的。"他反驳说。我点点头，"是啊，在一起玩儿，可你们只是玩伴"。他愣怔半晌，恍然而悟。生活中这种类似的情况实在太多了，可是稍加分析，往往是因为我们自己"一厢情愿"的美好想象使我们在人与事的判断上产生了失误，以致招来无谓的忧伤和失望，徒然地自寻烦恼。究竟是真正的朋友还是一般的伙伴，我们常常是分不清也不愿意去分清的，一方面，我们被那种没有利害冲突时彼此所表现出的亲昵、友好蒙蔽了；另一方面，我们在潜意识里也希望大家都是自己的朋友，而不愿意把这种关系蒙上世故的灰尘，我们乐于把伙伴关系加以升华，而使自己满足于"朋友遍天下"的自我遐想之中；然而这毕竟只是单方面的美好愿望，并不现实。因此，在人与人之间的交往中必须分清是友还是伴。

在这个充满了功利性和商业性的社会里，人将变得越来越复杂，人与人之间的关系也难以那么透明，那么清澈。一旦彼此的利益受到刺激、伤害，虚假的朋友便会原形毕露。这并不可怕，因为事实上不可能任何人都能成为自己的朋友，大多数人只能是伴。希望任何人都是自己的朋友，是不切实际的，说得尖刻一些，这其实也是一种弱者的心态。坦然而平静地面对花开花落、阴晴圆缺等不尽如人意的现象，这才是现代人明智的态度。我只是想说，如果我们事先能够明智地把朋友与伙伴判别得清清楚楚，我们还会为那朵“留不住的白云”而感到意外、伤心和失望吗？

人生有很长的路需要走，为了消除寂寞，我们需要结伴；为了实现志向，我们需要交友。友与伴都是我们个人生命历程中所不可缺少的，在我看来他们都是重要的，有裨益的。然而两者的区别则是根本性的：作为朋友，就是把双方看成了一个整体，并能为对方做出奉献和牺牲，感情牢固而持久；而作为伙伴，则并未视双方为一体，你是你，我是我，不能为对方做出奉献和牺牲，感情上是聚则合、分则离。于是就有了伙伴易寻而朋友难得，伙伴短暂而朋友长久，伙伴众多且有阶段性而朋友虽少却相对稳固。拥有真正的朋友固然是一件美事，但对朋友的希望、要求依然需要有一个准确的界限。否则，朋友之间的感情将会出现裂痕，甚至有可能使多年的友谊毁于一旦。

我有个朋友，家里因修房屋与人发生冲突，我自然站在朋友一边，当然尽可能客观公正地去调解。但朋友后来竟提出无礼要求，让我同他的亲友一起去同对方打架，这让我十分为难，我的职业和社会形象以及我自己做人的准则都不允许我与人斗殴，我拒绝了，并且直言靠打架并非解决问题的最佳方案，而应该彼此退让，和解为上。结果，他认为我不能为朋友出力，而我则认为他对朋友的要求过分，双方闷气了一周多时间。后来他得知我尽了自己的能力四处托人为他们疏通、调解，他冷静后也意识到了自己对朋友的要求不很妥当，我们又和好如初，依然情同手足，他家的房屋纠纷也和平地得到了解决。

古人曾说：“人生得一知己足矣。”又说：“同门为朋，同志为友。”可见古时“朋友”是要求极高、十分难得的。虽然今天我们大可不必以此标准来严格取舍，但我们也的确很无奈地看到，时下许多社交场合中那种朋友来朋友去的甜言蜜语，毫无疑问是把“朋友”这个词的外延扩大了而使其贬值。也许这仅仅只是一种言不由衷、心照不宣的应酬手段，不必大惊小怪，但我们总有一种美好的东西被轻蔑、被亵渎了的感觉。今天令我们扼腕惊叹、撼人心魄的如管仲鲍叔牙那样的生死之交似乎已极少见，但我们仍然有充分的理由相信，人间必有真情在，正是这种友情使忙碌的人类变得温和，变得可爱。

我们需要伙伴，我们更需要朋友。我们不为伙伴的轻易离去而忧伤，也不完全去依赖朋友。朋友也罢，伙伴也罢，决定我们人生的还是我们自己。

越是好朋友就越可能产生矛盾

丽萨·弗莱同保拉·特纳从小一起长大，她们从未怀疑过这友谊能否永远保持下去，但弗莱结婚后，搬到另一个城市并生了孩子，她给特纳的信突然没了回音。“你觉得是不是我什么地方得罪她了？”弗莱问丈夫。同时，特纳也相信，自己对弗莱已不再重要，“她现在成家了，”她对自己说，“我们现在不一样了，不能再像以前那般亲密了。”

最后，弗莱鼓足勇气给特纳打电话。开始的时候，交谈很尴尬。不久，她们就都意识到，她们都很想念对方。一个月之后，她们又回到了从前的老样子，一起开怀大笑，互相鼓励。

“感谢上帝，我最后采取了行动，”弗莱说，“我们意识到在对方心中我们像以往一样重要。”

人们有充分的理由来保护友谊。几年前，一个公众意见调查公司要求2007人确认他们认为最重要的两件事情，友谊名列榜首，远远超过家庭、工作、衣服及汽车。

“一份友谊记载着在一起的经历及相互影响的历史，让我们明白自己，彼此联系，”心理学家多纳尔多·潘南说，“这是一笔我们应保护的财产。”

研究交际学的教授布朗特·伯森说，具有讽刺意味的是，“越是好朋友就越可能碰到些矛盾”，其结果可能正是你不愿意看到的——结束友谊，但是值得欣慰的是，有部分破裂的友谊是可以得到修补的，因此专家建议要放下架子。

尽管这不太容易，但是当友谊变得苦涩的时候，夏威夷的黑咯姆空军基地的丹尼斯·莫兰德就这样做了。45岁的莫兰德替诺拉·维辛格看护她的两个女儿将近四个月，这些孩子同她们在基地的父亲住在一起。而40岁的维辛格在另一个州接受牙科保健培训。“诺拉能让我来帮助她我感到很荣幸。”莫兰德说。

当维辛格在圣诞节回来后莫兰德回忆说：“我有很多话对她说，但她一直没给我打电话。”一次女儿过生日派对，可是莫兰德没有收到邀请。“我觉得我被利用了。”她说。

开始的时候，莫兰德发誓再也不理维辛格。后来她决定放下架子，让她的朋友知道她的感觉，维辛格承认说在她受培训中间和家人的分离使她很焦虑，以至于忽略了朋友的帮助。今天她说：“如果丹尼斯不就此事给我打电话，我对所发生的事情会一直无所知。”

当朋友伤害了你的时候，本能地想保护自己，但是这使得问题的解决更难。《关系交际学》的作者威廉姆·威尔莫特解释说：“当分歧摆到桌面上时，我们大部分人都会觉得松了一口气。”

没有人会允许自己受到别人感情的凌辱，但做了一段时间的朋友之后，即使是最好的人也会有出错的时候。“如果侵犯者拒绝首先迈出和解的第一步，友谊就会停滞不前，”威尔莫特解释说，“在这种情况下，最好受委屈的一方走出第一步去道歉一为不使对方不高兴，因为没有理解朋友的处境，当你道歉的时候，你给了朋友一个鼓起勇气的机会。”

这种情况也曾发生在29岁的推销员身上。那时，一场关于未付的房租问题的争论威胁着他同一个大学同学的友谊，因为这个推销员和他大学同学都签了租约，半摊租金。毕业后，推销员催过他的朋友还债。最后，房主威胁说要通过控告他们来拿回欠款。推销员给他朋友打电话，咆哮道：“这不是闹着玩儿的！你正在毁我的信誉。”后来他又对自己的失态很后悔，他知道他的朋友并不想伤害他，他只是不负责任，“虽然我的朋友应该为给我造成的后果道歉，但是我也不应该发火。我不希望此事毁掉我们的友谊。”他说。当推销员打电话道歉的时候，朋友承认是自己错了，他道了歉并付清了债。

专家们一致认为，当你心烦意乱的时候，你做的最坏的一件事情就是挑起争端。有人讲：“吵架的时候，我们并没有想清楚发生了什么，这非常不理智。”

怎样把握好交友的“度”

生活中，任何过头的东西都会走向它的反面，正所谓“物极必反”。朋友之间的交际也是如此，过往甚密，反而容易出现裂痕；而把握适中的度，才能使朋友间的友谊成为永恒。

怎样把握好交友的“度”呢?

关心朋友别过分。莉莉是名职业女性，在公司里和同事的关系虽然不错，可烦恼的事却是天天有。因为莉莉的共情心理很严重，她总是把别人的痛苦当作自己的痛苦。认为自己对别人好是分内的事，而把别人对自己好看成是恩惠。和朋友在一起时，朋友不开心或碰到什么烦心事她会尽力帮忙，若帮不了，就会一个人闷闷不乐，心情差到极点。

莉莉也曾在心里一遍遍劝诫自己：别人有困难别人会解决的，自己没必要也跟着痛苦不堪。然而，一遇到别人有什么事，莉莉比人家本人还着急，她自己觉得挺累不说，弄不好还让对方反感。

每个人无论在文化、道德、性格、处世态度、做事潜能及至家庭情况等方面都会存在差异，这种差异的大小，有时会与朋友间的交际频率成正比，即交际越频繁、越过密，差异也就暴露得越多。所以，朋友间的交往，无论是相处的时间、次数、长度等，都要保持适可而止，才能达到“意犹未尽、情犹未了”的意境，才会因朋友的到来而欣喜，因朋友的离去而思念。

在心理学上，把这种过度为他人操心和受他人影响的心理情绪称为“心理卷入程度过高”。心理卷入程度过高是指个人在心理上与环境信息的关联程度过高。比如在人际交往中，有人会过分地关心朋友的事情，朋友遇到困难了，他比朋友还忧心忡忡；朋友办事出现失误，他比朋友还内疚和自责。

心理卷入程度过高的人，很容易受到外界环境的影响，总是把自己和周围的环境联系在一起，导致情绪波动大，行为控制不当，进而出现心理问题或人际关系障碍。

怎样摆脱这种心理情绪呢？一是要信任别人，相信别人能为自己的事负责、能解决好自己的问题，不要越俎代庖，负自己不该负的责任。二是加强自信和独立性，有自我价值观与生活支撑点，消除在心理上对他人的依赖，才能驾驭自己的生活和情感。

给朋友留有自由的时空。人们跟朋友交际，是为了保持友谊，但朋友除你以外还可能另有交际圈。因此，你首先要允许朋友与同你意见不合的人交际。当你发现朋友另外所交的人正是跟你曾有摩擦的人时，你应该宽宏。倘若你对此眼里容不得沙子，去责怪朋友，那么，朋友将左右为难。其次，不可将朋友的交际半径仅仅局限在你的空间里。如果你不管别人乐意不乐意，客观上允许不允许，都把朋友“缚”在你的身边，只能适得其反。因为，你即使“缚”住了朋友的身，却“缚”不住朋友的心，朋友多半会由怨而生恨，离你而去。

唐贞观年间，薛仁贵尚未得志之时，与妻子住在一个破窑洞中，衣食无着，全靠王茂生夫妇经常接济。后来，薛仁贵参军，在跟随唐太宗李世民御驾东征时，因平辽功劳特别大，被封为“平辽王”。一登龙门，身价百倍，前来王府送礼祝贺的文武大臣络绎不绝，可都被薛仁贵婉言谢绝了。他唯一收下的是普通老百姓王茂生送来的“美酒两坛”。

一打开酒坛，负责启封的执事官吓得面如土色，因为坛中装的不是美酒而是清水！“启禀王爷，此人如此大胆戏弄王爷，请王爷重重地惩罚他！”岂料薛仁贵听了，不但没有生气，而且命令执事官取来大碗，当众饮下三大碗王茂生送来的清水。在场的文武百官不解其意。薛仁贵喝完三大碗清水之后说：“我过去落难时，全靠王兄弟夫妇经常资助，没有他们就没有我今天的荣华富贵。如今我美酒不沾，厚礼不收，却偏偏要收下王兄弟送来的清水，因为我知道王兄弟贫寒，送清水也是王兄的一番美意，这就叫君子之交淡如水。”此后，薛仁贵与王茂生一家关系甚密，“君子之交淡如水”的佳话也就流传了下来。

总之，交友得法，友谊长久；反之，朋友之间的友谊会如同昙花一现，稍纵即逝。但愿人人都能掌握科学的交友方法，进而使你我与朋友的友谊地久天长、永葆青春。

君子之交淡如水。真正的朋友，不一定需要每时每刻陪在身边，更不需要那些庸脂俗粉的甜言蜜语，即使两人身处异地，也不会因为缺少联系而彼此疏远，正所谓“君子之交淡如水”。

肯求人，广求人，善求人

俗话说：“篱笆立靠桩，人立要靠帮。”现代社会，提倡“人人为我，我为人人”，人与人之间的相求相助，是共同走向成功的必备条件。当你去求人办事时，如果要求并不过分，一次遭拒，连去五次左右，一般可以成功。向人有所请托，应由小到大，由浅及深，由轻加重才是，如果一开始就有太大的请求，一定会遭受对方断然拒绝。

广西壮族自治区容县邮政局的林永兰，她曾经担任鲜花礼仪班班长。刚开始时，林永兰向客户宣传给员工送生日蛋糕和鲜花的定位是60元，等客户逐步接受这个价格并签订了协议之后，她适时地向客户宣传120元的生日蛋糕和鲜花。

她的理由是：60元的标准虽然已经能表达单位对员工的情意，但根据现在的社会消费水准来看，档次还是稍低一点，如果加到120元，就可以显得很大气了。再说，一名员工一年也就过一次生日，增加几十元钱，不会增加多少开支，但达到的效果却好得多。这一番入情入理的话，说服了不少客户。

于是，2005年，120元的配套生日蛋糕和鲜花在容县风靡开来。现在，林永兰再做120元的生日蛋糕和鲜花礼仪服务的宣传，已有单位跟她签订了协议。

所以，一点一点地引别人接受，一点一点地诱别人上钩，既是找人办事的技巧，也是嫁接成功的大原则。

美国斯坦福大学社会心理学家曾同学校附近一位家庭主妇巴特太太做了个有趣的实验，他们打了个电话给她：“这儿是加州消费者联谊会，为具体了解消费者之实况，我们想请教几个关于家庭用品的问题。”

“好吧，请问吧！”于是他们提出了一两个例如府上使用哪一种肥皂等简单问题。当然，这个电话，不仅仅只是打给了巴特太太。过了几天，他们又打电话了：“对不起，又打扰您了。现在，为了扩大调查，这两天将有五六位调查员到府上当面请教，希望您多多支持这件事。”这实在是件不好办的事儿，但巴特太太想了一下也同意了。

巴特太太为什么会同意呢？因为有了第一个电话的铺路。相反，他们在没有打过第一个电话，而直接有第二个电话要求时，那些主妇大部分都拒绝了。他们最后以百分比作为结论。前一种答应他们的占 52.8%，后一种只有 22.2%。总之，要想事业成功，就必须求人。

有人身负旷世才学，行走世上却步履维艰；有人资质平平，却干出一番惊天动地的事业，原因就在于后者能审时度势，懂得循序渐进之法，善于求人，从而安身立命，立于从容之地。在竞争日益激烈的现代社会，人的生存发展更是密不可分。求人者生，不求人者死，只有肯求人，广求人，善求人，才能在人生中立于不败之地。

善于发现对方的“闪光点”

很久以来，“投其所好”作为一个贬义词而备受人们鄙夷。这主要是因为，“投其所好”者的目的往往是自私的、不可告人的。假如目的是光明磊落、合乎情理的，“投其所好”也还是有它积极的一面。我们这里的攻心术上的用法，正是基于后一种意义的理解之上的。

办事能力既是一个人综合能力的体现，也是我们实现成功的人生价值的重要手段。求人办事，最有效的方式，应该是投其所好。当你这么做时，不但会受到欢迎，事情办起来也自然是水到渠成。能够投其所好，避其所忌，攻其虚，得其实，这样办起事来才能措置裕如，成功有望。

曾经拜访过罗斯福的人，都会折服于他的博学。不论你是什么职业、什么阶层的人，他都能针对你的特长侃侃而谈。其实这个道理很简单。当罗斯福知道访客的特殊兴趣后，他会预先研读这方面的资料以作为话题。因为罗斯福知道，打动人心的最佳方法，就是谈论对方所感兴趣的事情。

如果把这种智慧升华到一种理论高度，那就是“牵牛要牵牛鼻子，好钢用在刀刃上”，有一个名叫爱德华·加利夫的人曾经讲过这样一件事：

“有一天，我发现我需要别人助一臂之力。欧洲将举办一次童子军大会，我要请求美国某大公司的董事长为我资助一名童子军的旅费。在我要去见这个人之前，我听说他曾开过一张 100 万美元的支票，支票兑现从银行寄回来之后，他就把那张支票框了起来。”

“因此，我一走进他的办公室，就请求看看那张支票。我对他说，我从来没见过任何人开过这么大数额的支票！我又说，我要告诉那些童子军，我真的见到了一张 100 万美元的支票。他很高兴地带我参观那张支票，我赞不绝口。”

“当我就此说明来意后，他不但立即答应了我的要求，而且更慷慨。我本来只请他资助 1 名童子军到欧洲去，但他却资助了 5 名童子军和我的费用，给了我一张 1000 美元的支票，叫我们在欧洲待上 7 个星期。他还为我写了几封介绍信，给他各地分公司的董事，让他们招待我们。他本人更是亲自到巴黎来看我们，带我们参观了一番。此后，他还雇用了一些家境清寒的童子军。他对我们的活动，目前还很热心。”

你注意到了没有，加利夫先生并不是以童子军或欧洲的童子军大会，或他所要求的作为开场白，他所谈的是对方感兴趣的东西，投其所好帮助他成功地办成了事。

投其所好的说话方式在商业上也是十分有用的。

经营着美国一家高级面包公司的杜维诺先生，一直很想把面包推销给纽约的一家大饭店。一连四年，他天天给那家饭店的经理打电话，甚至在饭店订了个房间，住在那里以便随时同经理谈生意，但是他始终一无所获。

就在他失去信心时，有人传授给他一则“妙方”，于是他改变策略，打听那个经理最热衷的是什么。杜维诺发现，那位经理是一个叫作“美国饭店招待者”组织的成员。不只是成员，由于他热心，还被选为主席。于是杜维诺再去找他时，一开始就谈论他的组织。他跟杜维诺谈了半个多小时，他的组织，他的计划，语调非常热情。杜维诺夸赞他见多识广，有很强的组织力和感召力，大家也都很信赖他。告别时那位经理还“卖”了一张那个组织的会员证给杜维诺。

几天之后，杜维诺就收到了那家饭店的订货单。杜维诺用“顾左右而言他”的“迎合法”不动声色地达到了自己的目的。

约翰即将大学毕业，他的论文是跟经济有关的一份报告，他需要一个机构为他提供一些资料。约翰便去拜访那个机构的负责人，可是那位负责人不愿意为他提供任何资料。约翰有些沮丧，正当他准备离去时，那位负责人的一个下属进来说，他听说某个地方可能有卖负责人想要的那种邮票。原来那位负责人是位集邮爱好者。

约翰记住了那位下属和负责人所说的话。第二天他又去了，让人传话进去说，他帮那位负责人捎带了一些邮票。负责人这次热情接待了他，一边欣赏着邮票一边说：“噢，瞧瞧这张，真不错！”那位负责人一面赞叹不已，一面还夸奖约翰对集邮很内行，然后把邮票钱付给了约翰。他们谈了差不多整整一个小时邮票后，那位负责人便主动把约翰所需要的资料提供给了他。

约翰办事成功的秘诀，就在于投其所好，抓住了该负责人喜爱集邮这个兴趣。

总之，在实际工作和生活中，若想办起事来更加容易，怎样与人说话、做些什么是非常值得注意的。想要别人对你产生好感，投其所好必不可少。

要善于发现对方的“闪光点”，还要善于寻找对方的“兴趣点”。你经常可以看到这种情况：在某些谈判场合中，对方不是在听我们说，而是做或想别的事情，或嘴里应付着你，眼睛却注意别处，或转移话题。遇到这种情况，聪明的做法是暂时放弃你的话题，寻找他的“兴趣点”。比如对一个集邮者谈谈邮票，对一个足球迷谈谈意大利甲级联赛，对于音乐爱好者谈谈流行歌曲，等等。当对方对你产生认同甚至好感时，你的窘境摆脱了，再言归正传不迟。

美国西雅图有一家美籍华人开的餐厅，为招揽顾客，每当客人用餐后离去时，总要奉送一盒点心，内附精致“口彩卡”一张，上印有“吉祥如意”“幸福快乐”等吉言。有两位虔诚的基督徒是这家餐厅的老主客。

他俩结婚后的某一天，满怀喜悦来到这家餐厅，在他们期待良好祝愿的时刻，打开点心盒，却意外地发现没有往常的“口彩卡”，顿感十分不吉利，心里老大不高兴。他们便向老板“兴师问罪”，不论老板怎样赔礼道歉，他们就是不依。看到这种情景，刚到美国探亲的老板的弟弟微笑着走上前去，用不太熟练的英语说了一句美国常用谚语：“No news is the best news.”（中文意：“没有消息就是最好的消息。”）听到这句话，新娘破颜一笑，新郎转怒为喜，高兴地和他握手拥抱，连连道谢。

在意外事件面前，兄弟俩的处理方式不相同，兄长采取的是正面消极应对的说话策略，而弟弟采取的则是侧面出击，主动地投其所好的说话策略。兄长的语言表达不能消除意外事件给这对新婚夫妇造成的不祥之感，越赔礼道歉越加重这种情绪。弟弟通过对意外事件（没有口彩卡）做出机智的解释，直逼要津，较好地满足了对方的心理需要，既掩盖了过失，又消除了对方的不祥之感。

某人在一个炎热难耐的夏天到一家餐馆去吃饭，进去之后发现这个餐厅的卫生条件和服务态度都比较差，真不敢想他们做出的饭菜会怎么样。可是既然已经来了，怎么也得吃饱再走。他灵机一动对服务员说：“这么热的天，那些在炉边烧菜的小伙子一定够辛苦的了。你们也很不容易。”只这一句话，让服务员心里不胜感激，于是赢得了服务员的“优质服务”。菜上来后，他发现这里的菜味道比他想的要好得多。

对于服务行业的人，人们给他们的往往是指责，其实他们非常需要人们理解和肯定他们的工作辛苦和工作成绩。而这个人恰恰是巧妙、准确地赞扬了厨师们的可贵之处——在如此炎热的天气里，他们坚守岗位，为大家服务。他的话使他们感到，自己从被训斥的对象变成了被关注的对象，因此心情愉悦，服务当然周到。当然，在必要时把这种说话技巧应用到谈判中，也许会有意想不到的收获。

一家精密机械工厂生产某项新产品，把一部分部件委托某个小工厂制造，当该小厂将零件的半成品呈示总厂时，发现不合乎该厂要求。由于迫在眉睫，总厂负责人只得令其尽快重新制造，但小厂负责人认为他是完全按总厂的规格制造的，不想再重新制造，双方僵持起来。

总厂厂长见了这种局面，在问明原委后，便对小厂负责人说：“我想这件事完全是由于公司方面设计不周所致，而且还令你吃了亏，实在抱歉。今天幸好是由于你们帮忙，才让我们发现竟然有这样的缺点。只是事到如今，事情总是要完成的，你们不妨将它制造得更完美一点，这样对你我双方都是有好处的。以后我们也可以进行更多的合作。”那位小厂负责人听后，高兴地答应了。

站在他人的立场上分析问题，能给他人一种为他着想的感觉，这种投其所好的技巧常常具有极强的说服力，事情往往能顺利达成。

要做到这一点，“知己知彼”十分重要，先知彼，而后方能从对方立场上考虑问题。所以要善于发现对方的“闪光点”。

投其所好，不失为顺利办事的一条捷径。

朋友之间也需要“感情投资”

人，都是有感情的，甚至有的动物也有像人一样的感情。可见，感情这种东西是值得投资的。毕竟，这个社会懂感情、重感情、知恩图报的人还是占主流的，否则，连舆论都会把对方谴责得抬不起头。

如果对方也是一个能为别人考虑的人，你为他帮忙的种种好处，绝不会像打出去的子弹一样一去不回，他一定会用别种方式来回报你，否则他心里就感到歉疚。为此，平时可以选中对象进行感情投资。

人人都难逃脱一个“情”字。尽管当今社会流行一句话：“认钱不认人。”但是“人情生意”从未间断过。人既然能够为情而死，那么为情而做生意又有什么不可？这是世之常情。

所以，在平时人际交往中也需“感情投资”。

就拿做生意来说，适当地进行“感情投资”，说简单点，就是在生意之外多了一层相知和沟通，能够在人情世故上多一份关心，多一份相助。即使遇到不顺利的情况，也能够相互体谅，“生意不成人情在”。

这种情况往往有多种表现。一种是自然形成的。你在生意场上遇到了相互比较投缘的人，有了成功的合作，感情也自然融洽起来，这就是我们常说的“有缘”的人。有缘自然有情，关系好的时候，互相付出自然不在话下。问题在于如何保护和持续这种关系，继续爱护它、增进它，使其天长地久。

其实，就算是有“缘”，彼此能够一拍即合，要保持长期的相互信任、互相关照的关系也不那么容易，仍然需要不断进行“感情投资”。

在商场上，各自都为各自的利益，彼此都觉得商人多诈多奸，人与人交往不能不防，所以很容易互相起疑心。结果“缘”就会由合作转为对立，人情变成了敌意。情场上，最爱的人常常会变成最恨的人，这在商场上也屡见不鲜，相互最仇视的对手，往往原先是最亲密的伙伴。反目为仇的原因，恐怕谁也说不清，留下的都是互相指责和怨恨。

为什么走到这一步？往往是忽略了“感情投资”的结果。

很多人都有这种毛病，一旦关系好了，就不再觉得自己有责任去保护它了，往往会忽略双方关系中的一些细节问题。例如该通报的信息不通报，该解释的情况不解释，总认为“反正我们关系好，解释不解释无所谓”，结果日积月累，形成难以化解的问题。

而更不好的是人们关系亲密之后，总是对另一方要求越来越高，总以为别人对自己好是应该的；但是稍有不周或照顾不到，就有怨言。由此很容易形成恶性循环，最后损害双方的关系。

可见“感情投资”应该是经常性的，也不可似有似无，从生意场到日常交往，都应该处处留心，善待每一个关系伙伴，而且要从小处细处着眼，事事落在实处。

怎样进行感情投资呢？可以理解为以下几个方面：

一、充实你的人情账户

人与人之间没有彼此信任，则没有互助互利；没有较深的感情，则没有彼此的信任。所以说在人际交往与关系中重视情感因素，不断增加感情的储蓄，就是聚积信任度，保持和加强亲密互惠的关系。你在感情的账户上储蓄，就会赢得对方的信任，那么当你遇到困难，需要帮助的时候，就可以利用这种信任，你即便犯有什么过错，也容易得到别人的谅解；你即便没把话说清楚，有点小脾气，对方也能理解。所以，我们强调请求别人的支持和帮助，应该自信主动、坦诚大方地提出，尽管有许多有效的方法和技巧可以采用，然而最重要的是自己要乐于助人，关心他人，不断增加感情账户上的储蓄。

如果说建立相互信任、相互帮助的人际关系有什么诀窍的话，那么这是唯一的和可靠的诀窍。

反之，不肯增加储蓄而只想大笔支取的人是无人理会的，这样的银行账户是根本不存在的。你毫无储蓄，到需要用钱时，也就必然无钱可用，只有欠债了。但欠债总是要还的，到头来还是要储蓄。这就是社会与人生的天平上平等互利、收支平衡的砝码。

你请某人来帮助粉刷装修住房，说好干半天，他可能干了不到一个小时就走掉了；你拜托某人为你办理开办什么公司的手续，他也许只起了牵线搭桥的作用，具体的手续还要你自己去四处奔波……遇到这类情况，千万不可埋怨，不可责怪对方说话不算数。因为事实上人家已经帮了一点忙，这就值得你表示肯定和感谢。你感谢对方帮忙一小时，下回他可能会帮忙两小时，你感谢人家为你办手续探明了路线，下回他也许会一帮到底。

自己乐于助人，多主动帮助别人，会不断增加感情账户上的储蓄。求人与被人求，就是一笔人情账。尽管是人情账，无法精确地计算，但是也应当心中有数。

在求对方办事时，对方并不情愿为你白忙乎，他希望你也能帮他做些事情，有的甚至希望在他办事之前，你得先为他办成。如果你了解对方这种心理，主动满足他的欲望，他就会很痛快地帮助你。

有时对方没有什么需要帮忙的事情，此时你要让对方精神上得到满足，表现出对对方的崇拜和尊敬，不断地夸奖对方的能力。

如果你与对方关系很密切，求他帮忙时，他会提出条件来，那你也要多为对方考虑，尽量多为对方解决一些困难。不论关系多密切，你总求人家，而没有回报，时间久了也就不行了。

如果你求别人帮助的是一件名利双收的事，那对方也希望从中得到一些名或利。如果对方什么都得不到，而你却名利双收，对方就会在心理上失衡。现在的人对口头许诺不感兴趣，所以，你最好要提前满足对方的欲望。如果不能，也一定要守信用。如果你不能履约，以后再求对方就难了。

生活中经常有这样的人，帮了别人的忙，就觉得有恩于人，于是心生一种优越感，高高在上，不可一世。这种态度是很危险的，常常会引发反面的后果，也就是：帮了别人的忙，却没有增加自己人情账户的收入，这是因为这种骄傲的态度，把这笔账抵消了。

所以，为人帮忙时应该注意下列事项：第一，不要使对方觉得接受你的帮助是一种负担；第二，要做得自然，也就是说在当时对方或许无法强烈地感受到，但是日子越久越体会出你对他的关心，能够做到这一步是最理想的；第三，为人帮忙时高高兴兴的，不可以心不甘、情不愿的。如果你在为人帮忙的时候，觉得很勉强，意识里存在着“这是为对方而做”的观念，假如对方对你的帮助毫无反应，你一定很生气，认为“我这样辛苦地帮你忙，你还不知感激，太不识好歹了！”如此的态度甚至想法都是不自然的表现。

如果对方也是一个能为别人考虑的人，你为他帮忙的种种好处，绝不会像打出去的子弹似的一去不回，他一定会用别种方式来回报你。对于这种知恩图报的人，应该经常给他些帮助。

二、必要的物质交流

人的感情具有物化性，仅用话语来表达你对朋友的关心和友谊不太实际。仅凭一张嘴是无法建立友好关系的，还要有点物质上的交流。这就需要你运用一些小礼品来沟通与朋友的关系。但人往往又是很矛盾的，想要却又不好意思，所以表现出不愿意接受的样子来。

现在人们爱用礼品的轻重来衡量友情浅深，认为礼轻情亦浅，礼重情才深。所以我们再谈“礼轻情义重”时，似乎有点不合时尚。

其实只要仔细分析一下，“礼轻情义重”这句话还是有道理的，当你送给对方很重的礼物时，你心里会有什么想法，你或许有事相求，或许希望得到某种更贵重的东西。而对方也不会无缘无故接受你重礼，他会猜想，你是否有事求他。在接受你的礼品时，他会很慎重，甚至会拒绝你。

我们所说的礼轻情义重，是说在无求于对方时给对方送礼品，而且也没有任何其他目的，仅仅是为了与对方相互了解，加深感情，促进友谊。当对方有喜事时前去恭贺与对方同喜；当对方在困难时给对方送去温暖，帮助解决；当对方生病时前去安慰表示关心……这种情况下你送的礼品虽然很小，对方也会非常高兴的。

当然，“礼轻”也要看情况而言，要看对方与你的亲密程度。随着双方感情越来越深，礼品可以适当地加重一些。但无论你送多重的礼品，都只是为了表示感激对方与你的密切合作，不要有其他想法。

送礼品最忌讳的是临时抱佛脚。尤其是你刚与对方认识就带了许多礼品给对方，然后就提出你要办的事，很明显你是在用这些东西来换取他的帮助。一般情况下他会拒绝你的礼品，就是收下了也不会马上帮你办事。

好朋友也是一样，关系好平时多走走，有事时不用送礼对方也会帮你。如果平时不来往，有事则抱着礼品来求情，对方虽不好意思说你，但同样不会买你的账。

串门时，孩子看到一件东西说：“这是我们家的。”主人说：“对呀，这是你妈妈送给我们的。”孩子说：“这是我妈妈最喜欢的东西。”主人听了会感动的。

感情有它无私的优点也有它自私的缺点。他希望你只喜欢他一个人，只想他一个人得到你的礼物。如果别人也得到了同样的礼物，他就觉得不满足，就会对你有意见，也就不太珍惜你的礼物了。

所以，送礼物要分着送，一个人一个样，那样才会有好效果。

送礼要选择对方在家时送。因为，把礼物交给邻居转送，是不大礼貌的。有时，受礼人不希望别人知道他收了礼品。

切忌当着外人面送礼。送礼最好在私下进行，人多眼杂时应当回避，尤其是给领导送礼，更应该注意。一来领导怕背个受贿罪名，送礼者也不想落个巴结印象；二来社会之大，无奇不有，红眼者、造谣生事者无处不在。

放低身份，让对方感到受重视

每个人的工作和事业都建立在与人交往的基础之上，要想获得事业成功，取得他人支持和赞助必不可少。那么，怎样使别人自觉自愿地帮助你呢？让对方感到受重视，这是一件最大的法宝。

学会在适当的时候，让别人感到他的受重视程度之高，你是多么需要他，绝不是懦弱的表现，而是一种智慧，是一种态度，也是一种作为。学习谦恭，学习礼让，学习楼梯式地盘旋着上升，这既是人生的一种品位也是境界，让我们一步一个脚印踏踏实实地攀上成功的高峰。

让我们听听下面这位教师的讲述：

“在一次跳绳考核时，我们班有一个学生说脚疼，要求下次考核。实际上这个学生跳绳总不达标。为了不当他面说穿，我同意了。就这样，为了不考核，每次体育课他都要找理由。怎么办？我就对他说：‘你什么时候想考试了，就到老师这里来，老师等着你。’不久，我看到他在操场上跳绳，虽然动作极不协调，但也能跳上几个。我抓住时机把他叫过来对他说：‘刚才你在跳绳时，老师一直在注意你，发现你比原来跳得好多了。现在试试好吗？’‘好的。’他跳了起来。

一分钟时间到了，他停了下来，神情紧张地看着我，等待我报成绩。‘不错，有进步，跳了四十个，如果再练练，再多跳十个，你一定能行。’实际上他只跳了三十三个。‘是吗，那我再练练，过几天再跳一次行吗？’‘当然行。’他笑着跑进了教室。果然，在以后的考核中，他通过了。”

“这个学生上了中学后，有一次遇到我，还诚恳地说：‘老师，您不知道，那次跳绳对我的鼓励有多大。从那以后，我才知道，您一直那么重视我。’连孩子都有小小的虚荣心，何况成人呢。被重视会激发对方的热情和好胜心理，这时你再提出要求，往往就能‘通过’了。”

帮助他人其实是许多人乐于去做的事情，但人人都有小小的虚荣心，希望自己所提供的帮助是最为宝贵的，最为独特的。可见求人相助之中很有学问。让人们感到你最需要他的帮助，这才是十分重要的。你有你自己的专长和优势，而在某些实力较弱的领域里，你就需要求别人办事来解决自己的问题。这和你生病要找医生，看病要付钱是一个道理，既然是你找别人办事，那么那人一定有你自叹不如的地方。

如果你想做好某事，就一定要放低自己的身份，要谦虚、平和、朴实、憨厚，对别人毕恭毕敬，使对方感到自己受人尊重，比别人受重视，那么在谈事时自然就会轻松，也容易得多。

其实，你让对方感受到自己的重要性只是一种策略，是为了让对方从心理上感到一种根本性的满足，这样就能使他愿意合作，求他办事也就变得简单了。实际上，你们说的越是高傲、越是怀才不遇的人，都如一块璞玉，他们沉睡得太久，内心是十分渴望你的关注的。所以满足他们渴望被人关注、受人重视的心理后，使对方陶醉在自我感觉良好的状态中时，你就已经成功地完成了你所求之事中很重要的一半了。

周文王能够有车不坐而陪姜太公钓鱼，因此才会灭商建周成为一代君王；刘备因为三顾茅庐拜得诸葛亮为军师，才促成三国鼎盛的辉煌。这些都是我们耳熟能详的故事。如果文王及刘备都以自我为中心，不能礼贤下士，又怎么会求得姜太公和诸葛亮这样的贤臣，进而使自己取得赫赫成绩，从而在青史上流芳百世呢？正是因为他们懂得求人办事，应该让对方感到自己受到重视，感到自己的价值所在，这样就能首先使对方从心理上得到一种安慰与肯定，进而再提出所求之事，成功唾手可得。

某学校要组织一次“年轻教师风采大赛”，比赛内容有歌、舞、书法、演讲、绘画等各方面。某系的王主任也在加紧组织“参赛小组”，通知发出去好几天了，报名的人寥寥无几。王主任赶紧找一些有“特长”的教师，发动他们参加。他是这样说的：“小李老师，你嗓子那么好，这次非你不可啊。”“赵老师，您的书法可是最见功力，就别推辞啦。”“孟老师，哪次演讲能少得了您啊，这次说什么也得上。”结果被王主任找到的教师，都痛痛快快地答应参加了。

你谦虚时显得你平易近人，他自然愿意与你相处，认为你亲切、可靠；你恭敬顺从，他的倾诉欲得到满足，认为你很礼贤下士；你表面愚笨，实际却雄心壮志，他就乐意帮助你从而实现自己的价值。因此，为了把事情办成，不妨偶尔让别人感到他的受重视程度，从而乐于帮助你达到目的。

谈话过程中，怎样避免冷场

在办事过程中，务必要争取以对方为中心，处处礼让对方，尊重对方，尤其要避免出现冷场。有时在一些比较正式的场合，如聚会、议事等，常出现冷场的现象，这主要是由于彼此之间不大熟知性格、兴趣、年龄、职业、身份、心境等种种原因造成的。

要使长时间的谈话不让人厌烦，最好就是让每一位参与者在不知不觉中度过美好时光。其中，风趣接转话题就是一个好办法。巧妙地接答对方的话茬儿，可以把原来的话题引向另一个话题，使谈话转变一个角度继续进行下去。

小宋是公司负责某一地区的销售业务员。公司为了加强和客户之间的联系，特别举办了一年一度的“工商联谊会”。公司安排小宋在会议期间陪同他的客户汤经理。他们路过一家商场，谈起了商场销售情况。

末了，汤经理深有感触地说：“现在，市场竞争够激烈的。”小宋接过他的话茬儿说：“就是。在你们单位工作的业务员也不少吧？”就这样小宋既把话题延伸下去，同时又把话题朝向有利于自己的方向发展。

对于那些不善于当众讲话的人，还可以适时地提一些引导性的话题。这些话题要根据对方的自然情况、性格特点、兴趣爱好、职业性质等方面来设置。比如：“近来工作顺利吧？”“听说你最近要结婚了？”“你养的那只小狗怎么样了？”“你的老家是哪里？”用这些听起来使对方温暖的话寒暄一下后，再开展有目的性的谈话。

一位推销员，去推销一种新产品，在一大群人中开始他的工作时，人们都不了解这种新产品，对他的推销都不予理睬。这名年轻人耸耸肩，亲切地笑着说：“我突然想起了一个有趣的笑话。”大家都有点好奇地听，这名推销员就绘声绘色地讲了起来。

气氛一下子变得轻松随和了，这名推销员趁机介绍起他的产品，这次人们开始关注他带来的东西。最后，他成功地推销出好几套产品。后来他不止一次地跟这些人做成了生意，并和其中的几个人成了朋友。其实，许多事都是可以改变的，如果你能在出现冷场时送上一个真诚自然的微笑，然后再讲一个无伤大雅的笑话，一定有利于气氛的缓和，使得事情能够顺利办好。在目前竞争激烈的经济社会中，人际交往发挥着重要的沟通作用。你必须学会驾驭谈话场面的节奏，做到谈话场面活跃而又和谐，保证参与者身心愉悦。

在办事交谈过程中，如果出现冷场现象，值得注意的是，在提一些引导性话题的时候，不要提出那些令对方感到难以回答的问题。比如："你们主管为人怎么样？""你们公司今年盈利有多少？"这些话题会让人不知从何说起，有时甚至会令人尴尬。

还可以就时下大家比较关心的问题，先表达自己的观点，然后询问他人意见。有时也可以特意表现出急切想知道的样子，引导他人说话。我们不明白而对方通晓的事，往往能激发对方在心理上的优越感，他们也因自己说出的话有人听而感到兴致勃勃。

以退为进，得不到的东西最珍贵

美国一家大航空公司要在纽约城建立一座航空站，想要求爱迪生电力公司以低价优惠供应电力，但遇到婉言谢绝，该公司推托说这是公共服务委员会不批准，他们爱莫能助，因此，谈判陷入僵局。航空公司知道爱迪生公司自以为客户多，电力供不应求，对航空公司这一新客户兴趣不浓。其实公共服务委员会并不能完全左右电力公司的业务往来，说公共服务委员会不同意低价优惠供应航空公司电力，那只是托词。航空公司意识到，再谈判下去也不会有什么结果，于是索性不谈了，同时放出风来，声称自己建发电厂更划算。电力公司听到这则信息，立刻改变了态度，立即主动请求公共服务委员会出面，从中说情，表示愿意给予这个新客户优惠价格。结果，不仅航空公司以优惠价格与电力公司达成协议，而且从此以后，大量用电的新客户，都享受到了相同的优惠价格。

在这次谈判中，起初航空公司在谈判毫无结果的情况下耍了一个花招，声称自己建厂，这就是“退”一步，并放出假信息，给电力公司施加压力，迫使电力公司改变态度压价供电。这样航空公司先退一步，后进两步，赢得谈判的胜利。

一位留美的计算机博士，毕业后在美国找工作，结果好多家公司都不录用他，思前想后，他决定收起所有毕业证，以一种“最低身份”再去求职。不久，他被一家公司录用为程序输入员，这对来他说简直是“高射炮打蚊子”，但他仍干得一丝不苟。不久，老板发现他能看出程序中的错误，非一般的程序输入员可比。这时他亮出学士证，老板给他换了个与大学毕业生对口的专业。过了一段时间，老板发现他时常能提出许多独到的有价值的建议，远比一般的大学生要高明。这时，他又亮出了硕士证，于是老板又提升了他。

再过一段时间，老板觉得他还是与别人不一样，就对他“质询”，此时他才拿出博士证书，老板对他的水平有了全面认识，毫不犹豫地重用了他。

以退为进，由低到高，这是一种办事的技巧，也是自我表现的一种艺术。

现代职场，常常是要进行谈判，有时候在谈判中会出现这种情况：谈判中的一方，不太敢用退出来要挟对方，生怕谈崩了弄得鸡飞蛋打，所以，谈判老手都会不择手段地掌握对手的真正意图，摸清了底牌，便掌握了谈判的主动权。这时再以什么方式取胜，就已经是技术问题了。以退为进的说服手法在经济谈判中运用得较多，双方谈判如同兵战，能否灵活、娴熟地运用“以退为进”的战术，直接关系到谈判的成败。

曾经被美国控制了很长时间的巴拿马运河最早并不是由美国开凿的。一家法国公司早在 19 世纪末就跟哥伦比亚签订了合同，打算在哥伦比亚的巴拿马省境内开凿一条连通大西洋和太平洋的运河。

主持运河工程的总工程师就是因开凿苏伊士运河而闻名世界的法国人雷赛布，他自以为这一工程不在话下，然而巴拿马环境与苏伊士有很大的不同，工程进度很慢，资金开始短缺，于是公司陷入了窘境。在这种形势下，法国公司的代理人布里略访问美国，向美国政府兜售巴拿马运河公司，要价一亿美元。

美国在 1880 年就想开凿一条连贯两大洋的运河，由于法国先下手与哥伦比亚签订了条约，美国十分懊悔。对运河公司垂涎三尺的美国一知道法国有出售公司的打算便欣喜若狂。然而美国却故作姿态，罗斯福指使美国海峡运河委员会提出报告，证明在尼加拉瓜开运河更省钱。布里略看到这个报告后大吃一惊：如果美国不开巴拿马运河，法国不是一分钱也收不回了吗？于是他马上游说，表明法国公司愿意削价，只要 4000 万美元就行了。通过这一方法，美国就少花了 6000 万美元。

罗斯福在谈判中采取以退为进的方略，巧妙地要挟对手，迫使对手就范，做出妥协和让步。

有时候先要隐藏住你自己的要求，让对方先开口说话，让他表明所有的要求。特别是对方主动找你谈买卖，更要先稳住些。

以退为进，既是一种商业谈判的策略，也是一种商业谈判的技巧。依据许多商业谈判者的成功经验来看，以退为进的策略和技巧，大体如下：

让对方在重要的问题上先让步。如果你愿意的话，可在较小的问题上先让步。不过你不要让步太快，晚点让步比较好。因为对方等得愈久，就愈会珍惜它。

替自己留下讨价还价的余地。如果你是卖主，喊价要高些；如果你是买主，出价要低些。无论哪种情况，都不能乱要价，务必在合理范围内。不要做无谓的让步，每次让步都要能使对方获得某些益处。当然，有时你也不妨做些对你没有任何损失的让步。

如果谈判到关键时候，你碰到棘手的问题时，请记住：这件事我会考虑一下。这也是一种让步。

假如你在做了让步后想要反悔，也不要不好意思。因为那不是一种协定，还未签约，可以重新谈判。

学会吊胃口。人们珍惜难于得到的东西。假如你真的想让对方满意，就让他努力去争取每样能得到的东西。在让步之前，先要让对方去争取一阵。

不要掉以轻心。记住，尽管在让步的情况下，也要永远保持全局的有利形势。

细节常常能体现出一个人的人格

重视他人的细节自然会得到他人的尊重。不论是在工作中还是生活上，倘若你想消除对方的戒备心，同时让他对你产生亲近感，你就应该了解并记住与他有关的一些细微事情，并且找适当的机会说给他听。因为了解他的一些细小之事，对方自然就会觉得你很重视他，这样他才会乐意与你交往，自然就乐于帮你办事了。

记住与朋友交往的细小之事，应该从记住对方的名字开始。名字虽然只是一种文字符号，但没有人不看重自己的名字，谁都希望别人能记住自己的名字。曾经有一位学者说过："一种既简单但最重要的获得他人好感和信任的方法，就是牢记他人的姓名。"准确记住别人的姓名，不仅是一种礼貌，而且是一种感情投资。事无大小，有时细节也能发挥极大的能量。因此，善于运用人际交往中的细节是聪明人做人的手腕和做事的手段。

可见对方的细节之事，是你办事的垫脚石。A在合资公司做白领，觉得自己满腔抱负没有得到上级的赏识，经常想：如果有一天能见到老总，有机会展示一下自己的才干就好了。同事B也有同样的想法，他更进一步去打听老总上下班的时间，算好他大概会在何时进电梯，他也在这个时候去坐电梯，希望能遇到老总，有机会可以打个招呼。

他们的同事更进一步。他详细了解老总的奋斗历程，弄清老总毕业的学校、人际风格、关心的问题，精心设计了几句简单的开场白，在算好的时间去乘坐电梯，跟老总打过几次招呼后，终于有一天跟老总长谈了一次，不久就争取到了更好的职位。

愚者忽略细节，智者发现细节，而成功者却无不是重视细节的。同事的升迁，和他对老板奋斗历程的细节的重视是无论如何也分不开的。

凡是优秀的政治家都相当看重细节的力量。在任何一种语言中，一个人的名字对他自己来说就是最亲切、最甜蜜，也是最值得尊重的字眼。因为姓名是一个人个体的标志，人们因为自尊的需要，总是特别珍视它，自然同时也希望别人能记住并且尊重它。

由于你叫得出对方的姓名，甚至还了解他的某些细小之事，对方一定会觉得你很尊敬很重视他，这样别人才会乐于与你交往，才会更进一步乐于帮你办事。

美国邮政总局的局长法利能够叫出5万多人的名字，并且能记住与他人交往的很多细小的事情。他不仅可以和许多人谈天聚餐，还能拍着某人的肩膀，知道他的太太和子女的近况，询问他家后院里种植的番薯长得如何，等等，因而他每到一个地方都高朋满座。

在通常情况下，彼此相当熟悉、亲近的人之间才称呼对方的名字，或者询问对方双亲是否安康。而这些恰恰都是会使对方深受感动的地方，让对方感到“这个人还认识我并且还很关心我”，进而很快就会信任他，最终成为他的强有力的支持者。

比如，街上碰到一位只有一面之交的人时，他们能够亲切地叫着对方的名字说“某某，好久不见了，还好吗”，等等。然而实际上，别说对方的名字他们不记得，就连长相也是未必记得的，但是他们可以通过秘书知道对方的名字，看起来就好像他还记得对方一样。再者，他们如果知道对方是某重要人物的儿子，就会马上和他握手，并去拍着他的肩头或摸摸对方的头以示亲近。同时，也不会忘记询问对方父亲的近况："你父亲最近身体可好？"以示关切之情。因为，他们深知这微不足道的关心便会使对方信任他，以后必有用处。

一个招呼，一声问候，就这样的小事细节成就了一个人的成功。在与人的交往过程中，如果能够记住对方的生日或某个与对方相关的纪念日，就更能获得对方的信任了。

在一家酒店的大厅里，一位客人来到服务台办理住宿手续。客人还尚未开口，就已经听见服务员小姐说："某某先生，某某酒店欢迎您的再次光临，希望您在这儿住得开心愉快。"客人听后非常惊讶，脸上流露出欣喜的神色，其实他只是在半年前到这里住过一次，可服务员小姐居然记住了他的名字。由此，这位客人感受到了莫大的尊重，从而对那位服务小姐，甚至对那家酒店都产生了强烈的信任和好感。

美国第29任总统罗斯福之所以能众望所归地当选，其中的一个原因是得益于他记得所交往的人的一些琐碎细小之事。有一天，一个名叫艾摩斯的黑仆的妻子问罗斯福先生，鹌鹑是种什么样的鸟？因为她一直都没有见过这种鸟。罗斯福总统便不厌其烦地详细解释给她听。同天傍晚，她家的电话响了，艾摩斯黑仆的妻子立即跑去接听，竟是总统打来的。总统告诉她正有一对鹌鹑停在她家屋外的草地上，让她从窗户往外看。身为总统先生的罗斯福竟然为了这么微不足道的小事，还特地给下属打电话来，充分表现出罗斯福先生关怀他人的品格。

细节常常能体现出一个人的人格。贵为一个总统竟能记得这样一件与仆人沟通交流的细小的事情，并还时时放在心上，这怎么能不会让属下信任他，更加心甘情愿为他效力呢？有一次，小李去一个单位办事，由于没有熟人，又没有什么用得上的关系，因此事情并没有办成。他失望地走出这家单位，而在单位大门口，他偶然地遇到了一个人，有种似曾相识的感觉，好像在哪里见过面。那个人渐渐走近时，他突然想起原来是在一次文化沙龙上见过这个人，这个人是一个杂文家，当时在沙龙上还做了演讲。于是小李主动与对方搭讪说："您就是某某作家吧？"对方一愣，听小李叫出了自己的名字，便停了下来，十分友善地问："正是正是，请问先生怎么称呼？"小李说出自己的姓名，接着又对那个作家说："上次在文化沙龙上，我听了您的演讲，您讲得太好了！"继而，小李又说出了演讲中的一些细节，比如，主办者是怎样向大家介绍的，中途又是有人怎样提问，以及这个作家的演讲，等等。作家见小李连一些细节都记得这么清楚，心里美滋滋的，信任感和亲切感油然而生。"没想到你听得这么用心，有些细节我自己差不多都忘了。"作家笑着向小李说。在交谈过程中，很自然地，作家问小李来这里是不是有什么事。小李就把要办的事说了出来，作家听了后说："这是小事一桩，我帮你打个招呼就行了。"小李只不过因为参加了那次文化沙龙，对方显然并不认识他，但因为他留意了沙龙上的事情尤其是关于那位作家的一些小事，就这样轻而易举地把事情给办好了。

人人都喜欢被他人关注，所以记住与人交往中的细节是你获得他人信任和好感的前提。要学会巧用细节的力量，它是助你踏上成功之路的必胜法宝。

Part 7

圆滑变通，八面玲珑最重要

良好的人际关系亦即好人缘，这种东西是要自己打造的，并不会从天上掉下来。如果太客气、太内向，将失去许多与人接触的机会。相反，太外向、太自负也同样会使很多人对你避而远之。拥有一个良性循环的人际关系网，等于有一笔无形的巨大的财产。

交际是一门艺术，要讲究礼仪

人际传播是离不开语言的，说话的内容、选词造句，说话的语音、语调，说话的身姿、手势、表情……都会给对方留下一定的印象，即每个人都对他人树立自己的语言形象。

交际是一门艺术，要讲究礼仪，不同的场合都要注意礼貌用语。例如，“对不起”“谢谢”“请”这些礼貌用语会对调和融洽人际关系起到意想不到的作用。

在涉外场合需要麻烦他人帮忙时，说句“对不起，你能替我把茶水递过来吗”，则能体现一个人的谦和及修养。无论别人给予你的帮助是多么微不足道，你都应该诚恳地说声“谢谢”。正确地运用“谢谢”一词，会使你的语言充满魅力，使对方倍感温暖。道谢时要及时注意对方的反应。对方对你的感谢感到茫然时，你要用简洁的语言向他说明致谢的原因。对他人的道谢要答谢，答谢可以用“没什么，别客气”“我很乐意帮忙”“应该的”等来回答。

谈吐往往让人留下第一印象。美国语言治疗师霍尔说：“你讲话的方式，反映你的智能和性格。”所以，如果你言语闪烁不定，夹着很多“呵、嗯”等词，或者“我想、可能、或许、大概、应该是如此”，你的形象定会被打折扣。

礼貌用语是尊重他人的具体表现，是友好关系的敲门砖。在日常生活中，尤其在社交场合中，礼貌用语十分重要。

在拥挤的公共汽车上，一个人不慎踩了另一个人的脚，踩人者若无其事，无动于衷，被踩者愤怒异常，骂骂咧咧，于是开始了一场舌战，你来我往，吵得好不热闹。

同样在拥挤的地铁里，一个人不慎踩了另一个人的脚，踩人者马上诚恳地向对方表示歉意，并说一声：“对不起！”被踩的人虽疼痛未消，却也谅解地说一句：“没关系。”

同一件事，为什么有截然不同的态度、截然不同的结果呢？很简单，只因前者无礼，后者知礼。

内疚和歉意往往能换来宽容和谅解，使一触即发的冲突烟消云散。道歉时最重要的是有诚意，切忌道歉时先辩解，好似推脱责任；同时要注意及时道歉，犹豫不决会失去道歉的良机。是否讲礼貌导致后果大相径庭，谁不讲文明礼貌，谁就会受到社会的谴责。

在任何需要麻烦他人的时候，“请”都是必须挂在嘴边的礼貌语。如“请问”“请原谅”“请留步”“请用餐”“请指教”“请稍候”“请关照”等。频繁使用“请”字，会使话语变得委婉而礼貌，是比较自然地把自己的位置降低，将对方的位置推高的最好的办法。

苏蕾终于找到了合适的工作，学韩语的她在一家韩国人的公司找到了一个总经理助理的位置。

苏蕾在韩国出生，上到小学毕业才回来，韩语十分流利，在大学里屡屡得到老师表扬，朋友们常常笑她是个“韩国人”。而她对自己的这段经历也十分得意，所以找工作的时候，非韩国外资的公司不去。

上班快三个月了，韩国老板对她很满意，想跟她签长期合同，苏蕾却有点犹豫，倒不是因为待遇不好，而是公司里有一个副总对她很是看不惯，经常给她“小鞋”穿。

在苏蕾去公司之前，这位副总是总经理助理，苏蕾是在他高升之后补了他的空缺，据说面试的时候，他对苏蕾的印象还是不错的，现在为什么变了脸呢？那天朋友去接苏蕾下班，朋友看出了一点端倪。该副总在审读苏蕾递给他的韩文报告时，提出苏蕾报告中的几个问题，苏蕾立刻进行辩解：“韩语里这个词应该是这个意思，不会错的。上次你的这个错误就是我向金先生提出的，他也认为我是对的。”副总的脸色立刻有点阴，他合上报告：“那好，我回去慢慢看，明天再给你。”苏蕾又说：“今晚金先生就要的。”

“没关系，我亲自给他好了。”副总沉着脸走了。

在大量的职场新人中，苏蕾这样的困惑，很多人都会有，明明只是为了工作，却忘了给别人留点余地。苏蕾似乎欠缺了一点虚心和谦和。一起工作，探讨问题的方式最好和缓一些，“可能”“也许”这样的字眼能缓解矛盾；言语里面动不动就提到上司也是一种错误做法，这会让人有一种盛气凌人的感觉，越是优秀的人才越要注意这一点。

“你的语言是他人判断你的重要依据之一。”“你说话的方式告诉别人你的智力与整体能力。”这是事业的需要。在销售、公关、广告、客户代表等岗位，良好的语言形象和谈吐风格透露出的自信、诚恳、亲和或是风趣就是一张绝好的名片。

成功的人际关系在于你能捕捉对方观点的能力；还有，看一件事须兼顾你和对方的不同角度。

人际网络并非一日所成，它是数十年积累的成果。

人际交往助你成功的路上，没有足够的本钱并不十分可怕，可怕的是总自以为是，觉得老子天下第一，什么人也不放在眼里。天马行空，独来独往，白日做梦，这样的人肯定难以成功。或者过分孤芳自赏，井底之蛙，自娱自乐，对别人漠不关心，麻木不仁，这样的人也注定与成功无缘。

没有本钱而谋求成功的人，应当是卓尔不群的。因为他们能够清醒地认识到，只要倚重他人，依靠或引导别人为自己出力出钱，自己就能成功。

卡耐基曾说：“当一个人认识到借助别人的力量比独自劳作更有效益时，标志着他的一次质的飞跃。”这是亘古不变的至理名言。每一位无本而谋求成功者，都应当深深铭记于心。

古人云："登高而招，臂非加长也，而见者远；顺风而呼，声非加疾也，而闻者彰。"这句话形象地说明了借取外界力量，换言之，也就是人际关系的重要性。

那么，如何增强人际吸引力，做一个受欢迎的人呢？要提高个人的外在素质，追求美、欣赏美、塑造美是人的天性。美的外貌、风度能使人感到轻松愉快，并且在心理上构成一种精神的酬赏。所以，你恰当地修饰自己的容貌，扬长避短，注意在不同场合下选择样式和色彩符合自己的服装，形成自己独特的气质和风度。同时，还应注意追求外在美和内在美的协调一致，即外秀内慧。因为随着时间的推移，交往的加深，外在美的作用会逐渐减弱，对他人的吸引会逐渐由外及内，从相貌、仪表转为道德、才能。

要说真话、办实事。说真话、办实事会使人心里踏实而感到轻松愉快，而弄虚作假、相信迷信则易使人惴惴不安，成为心理健康的大敌。

要少发脾气。常发脾气不仅会使矛盾激化，影响人际关系，也会因情绪不稳而对自己的健康贻害无穷。

要善恶分明。生活中美好的事情能做的要积极参与，不能做的要尽力支持；而面对邪恶的事情，则要挺起胸膛，敢于正视和斗争。

"高中毕业后，我只身一人来到深圳打工。3年时间里，我先后在快餐店、茶店、大排档、商场工作过，换了6个单位，在每个单位的时间都不超过半年。原因大多是与老板或同事或顾客产生矛盾，无法调节，于是愤而辞职。我知道自己脾气不好，可又无法克服自己的毛病。现在，我所在的商店老板又为我与顾客争吵一事警告我说要炒我鱿鱼，看样子不纠正这一毛病真要影响我的生存了，我为此心急得更想发脾气。"

不能控制自己的情绪，导致他一次次失去了工作，而且失去了和谐的人际关系和自信。如果你无法控制情绪，就会跟别人发脾气，不愿意配合别人的工作，人际关系就会紧张。

要想人际关系和谐，先要笑脸迎人，不能发脾气，一定要欢欢喜喜。

不论他人是非。闲论他人是非，轻则朋友、同事翻脸，重则会闹出人命，对人对己都会增添无谓的痛苦。

王钰刚进的这家公司，有一位同事整天不干正事，却喜欢变着法儿、挖空心思地“嚼舌头”，一会儿说起上司的“偏心”，一会儿说起某某的“绯闻”，同事们都不怎么理睬她。当她跟新来的王钰说起这些“是非”时，王钰只是假装很认真地在听她的话，用眼睛直视着她，等她把话讲完后，也不置可否。几次无趣后，她不再找王钰嚼舌头了。

首先，自己不要闲谈他人的是非长短；其次，如果有人说起这些让人讨厌的话题，你也不要进行反驳或是还击，这都可能使自己有失风度，你唯一要做的就是漠视或者远离他，用行动表示对他的不屑一顾和蔑视。

要敞开心扉与人开诚布公。以诚相见的人，才能得到别人的信任和理解，才能受到别人的欢迎，轻松愉快地生活。

加强交往，密切关系。心理学研究表明，人与人之间空间距离上的接近，是促进人际吸引的重要因素，因为人与人之间空间位置上越接近，彼此交往的频率就越高，越有助于相互了解、沟通情感、密切关系。

即使两个人的人际关系比较紧张，通过交往，也有可能逐步消除猜疑、误会。反之，即使两人关系很好，但如果长期不交往，彼此了解减少，其关系也可能逐渐淡薄。因此要注意与朋友保持适度的接触频率，才使人际关系不至于淡化甚至消失。切忌“有事有人，无事无人”。

结交新朋友，构建你的好人缘

既然清楚了人际交往的重要性，那么我们就应该广结人脉，为自己的事业打下基石。那么，怎样去结交新朋友呢？在交往中不做被动的接受者。如果你仅仅是个被动的接受者，你就很难结交到新朋友。认识新朋友是搭建人脉关系网络的第一步，是你职业生涯和个人生活的重要一环。

记住对方名字。一个人的名字，对他来说，是任何语言中最甜蜜、最重要的声音。记住对方的名字，并把它叫出来，等于给对方一个很巧妙的赞美。

我们应该注意一个名字里所能包含的奇迹，并且要了解名字是完全属于与我们交往的这个人，没有人能够取代。名字能使人出众，它能使他在许多人中显得独立。我们所做的事情和我们要传递的信息，只要我们从名字这里着手，就会显得特别的重要。不管是女侍或总经理，在我们与别人交往时，名字会显示出它神奇的作用。

法国皇帝，也是拿破仑的侄儿——拿破仑三世得意地说，即使他日理万机，仍然能够记得每一个他所认识的人。

他的技巧非常简单。如果他没有清楚地听到对方的名字，就说："抱歉，我没有听清楚。"如果碰到一个不寻常的名字，他就说："怎么写法？"

在谈话的过程当中，他会把那个人的名字重复说几次，试着在心中把它跟那个人的特征、表情和容貌联想在一起。如果对方是个重要的人物，拿破仑就要更进一步，一等到他旁边没有人，他就把那个人的名字写在一张纸上，仔细看着，聚精会神地深深记在心里，然后把那张纸撕掉。

这样做，他对那个名字就不只是有眼睛的印象，还有耳朵的印象。

这一切都要花时间，“礼貌，”爱默生说，“是由一些小小的牺牲组成的。”

记住别人的名字并运用它的重要，并不是国王或公司经理的特权，它对我们每一个人都是如此。记住对方的姓名，在商业界和社交上的重要性，几乎跟在政治上一样。

美国总统罗斯福竞选时的总干事吉姆，1899 年出生在纽约。吉姆 10 岁那年，他的父亲在一次意外中去世，留下了妻子和 3 个孤儿，家徒四壁，没有任何遗产。吉姆因为排行老大，只好辍学去砖厂打零工，从此不曾再进过学校。

可是天性乐观的吉姆，虽然只是个童工，但经过了 30 年的努力，在他 46 岁那年，已有 4 个大学授予他名誉学位，并且担任美国邮政总监，同时也是民主党全国委员会主席，并把罗斯福推上了总统宝座。

卡耐基对吉姆的发迹感到很惊奇，一个几乎没受过教育的工人，却能成为总统的左右手。于是卡耐基向吉姆请教成功的秘诀。

“苦干！”吉姆简单有力地回答。

卡耐基听了这答案显然很不满意，脸上出现了怀疑的表情。

“这样吧！那您觉得我为什么能成功？”吉姆反问卡耐基。

卡耐基想了想之后回答说：“我知道你能叫出一万个人的名字。”

“不，不是这样，”吉姆笑着说，“我能叫出五万个人的名字。”

可别小看这件事，就凭着这项专长，吉姆将罗斯福迎入了白宫。

吉姆年轻时，在一家石膏企业担任外务员，就自创了一套记忆姓名的方法。这方法说来也很简单，无论何时何地，只要他遇到陌生人，一定要把对方的姓名问清楚。所谓的姓名，并不只是几个英文单词，还包括职业、党派、宗教、家庭状况等其他的周边资料，然后把这些资料输入他那不逊于任何电脑的脑袋里。如果怕日后忘记，他回家后甚至还会复习，就像学生做功课一样。

记住别人的名字——你将在人际交往中成为受欢迎的那个人。

“您觉得对于一个职场中人来说，什么是最重要的，并且是值得你为之付出青春呢？”当一位资深的职业经理人被问到这个问题时，他毫不迟疑地这样说：“行业经验，人际关系。”

这个社会最重要的是人际关系，有了人际关系你才会有机遇。机遇是因为你有了人际关系，认识了各个社交圈子里的人，你认识了别人，别人认识了你，才会互相创造机遇。一个封闭的人是不会有腾飞的机遇的。

成功的人大多是有庞大关系网的人。这种网络由各种不同的朋友组成，有过去的知己，有近交的新朋；有男的，有女的；有前辈，有同辈或晚辈；有地位高的，有地位低的；有不同行业的，有不同特长的，也有不同地方的；等等。总之，交往越广泛，遇到机遇的概率就越大。

你可以发现，人生中有许多机遇就是在与朋友的交往中出现的，有时甚至是在漫不经心的时候，朋友的一句话、朋友的帮助、朋友的关心等，都可能化作难得的机遇。在很多情况下，就是靠朋友的推荐、朋友提供的信息和其他多方面的帮助，人们才获得了难得的机遇。

所以，你必须构建你的好人缘，好人缘是职场人士成功的必备因素之一。因为人缘好，你认识的人越多，事情就越好办，所以，你不仅要与办公室内的同事搞好关系，还要编织好你的外围社交网络，诸如同学、邻居等，这些人也能在关键时刻伸出援助之手，帮你一把。

达明在坐长途汽车时，和邻座的一个人聊了起来。这个人过去是律师，后来逐渐厌倦这一行，就辞职自己开办了一家公司，现在这家公司发展得非常红火。他们聊得很投机，到目的地后，他们匆匆交换了名片，达明顺便也要了那个人的家庭住址和电话。

几个月后，达明所在的单位倒闭，他也就失业了，找工作找了几个月仍无着落，他非常着急。有一天，他忽然想起了那位在火车上遇到的人，于是就给他打电话，说明了自己的情况，问他那里有没有适合自己的岗位。虽然那个人的公司目前不缺人，但还是给达明介绍了另一家公司，让他去面试。就这样，达明找到了新的工作。

采用曲折隐晦的言辞，达到拒绝的目的

含蓄拒绝不是直接说不，而是采用曲折隐晦的言辞，达到拒绝的目的。也就是说，在拒绝时既不刺激对方，不伤害对方的感情，又不同意对方的看法或要求等。

美国总统弗兰克林·罗斯福在就任总统之前，曾在海军部担任要职。有一次，他的一位好朋友向他打听海军在加勒比海一个小岛上建立潜艇基地的计划。这种军事机密当然不能随便泄露，但是如果直接拒绝又会伤害朋友，使气氛变得尴尬。罗斯福灵机一动，然后神秘地向四周看了看，压低声音问道："你能保密吗？"

"当然能。"

"那么，"罗斯福微笑地看着他，"我也能。"

弗兰克林·罗斯福采用的是含蓄的拒绝方法，其语言具有轻松幽默的情趣，表现了罗斯福高超的语言艺术，在朋友面前既坚持了不能泄露的原则立场，又没有使朋友陷入难堪，取得了极好的语言交际效果。以至于在罗斯福死后多年，这位朋友还能愉快地谈及这段总统逸事。相反，如果罗斯福表情严肃、义正词严地加以拒绝，甚至心怀疑虑，认真盘问对方为什么打听这个、有什么目的、受谁指使，岂不是小题大做，有煞风景？其结果必然是两人之间的友情出现裂痕甚至危机。

有一个男孩，暗恋一个女孩很久了，终于有一天男孩鼓起勇气对女孩表白了，但女孩并不喜欢男孩，委婉地拒绝了男孩。男孩还是不肯放弃。

于是男孩便给女孩写了这样一封信："昨天我喝了点酒，我好像记得我跟你表白了，但我的记性很差，我忘记了你昨天对我的回答是'行'还是'不行'了。你再写信告诉我一遍好吗？"

第二天，男孩收到了女孩的回信，信中女孩是这样回答的："昨天我记得是有人跟我表白，我的回答是'不行'，不过实在是很抱歉，我的记忆力好像比你的还要差，我忘记了这些话我是对谁说的了。"

男孩一看，在无奈的苦笑中彻底死心，再也不去纠缠女孩了。

含蓄拒绝的目的就是希望对方知难而退。例如，有人想让庄子去做官，庄子并未直接拒绝，而是打了一个比方，说："你看到太庙里被当作供品的牛马了吗？当它尚未被宰杀时，披着华丽的布料，吃着最好的饲料，的确风光。但一到了太庙，被宰杀成为祭品，再想自由自在地生活着，可能吗？"这里庄子虽没有正面回答，但用了很贴切的比喻，含蓄地表明，让他去做官是不可能的。

生活中大家可能都有类似的经历：当你提出某要求时，对方既不立即反对，却也不立即赞同，而是耐心地与你谈些似乎与主题有关却又模模糊糊的问题，整个谈话像在烟雾之中一样，最后连你自己都不明白自己是怎样被拒绝的。这一方法，称之为"模糊拒绝术"，也就是含蓄拒绝的方法。

日本的德川幕府时代，西方列强瓜分中国领土后，又对日本虎视眈眈，他们以武力要挟日本签订割让日本彦岛的条约。日方派高杉普作为谈判代表进行交涉。高杉普作曾到过中国，亲眼见过中国国土被列强瓜分的惨状。所以，为了国家的安危，他决心尽自己最大的努力与列强在谈判桌上周旋。签字仪式上，他为了拖延时间就滔滔不绝地说："我日本国，自从天照大神以来，就……"他把日本成长的历史一一叙述出来。历史文字一般都晦涩难懂，再译成其他语言，则更费时费力。高杉普作的这一做法，使翻译大为头痛，很多地方都不知如何用英语去表达。而西方列强代表更是听得云山雾罩。谈判最终无法分出胜负，签字之事据说就这样不了了之了，使日本国土得以保全。

高杉普作可谓是将含蓄拒绝的计谋发展到了很高的程度，在国家受到威胁时，他机智镇定地用委婉拒绝的方法挽救了国家。

在人际交往中，含蓄地拒绝体现了人际交往的灵活性，有利于处理好人与人之间的关系，运用得好，可以达到文雅得体、幽默含蓄、弦外有音、余味无穷的奇妙境地。

好脾气是一个人在社交中，所能穿着的最佳服饰

好脾气是一个人在社交中所能穿着的最佳服饰。因此，做人做事切莫意气用事，“忍一时风平浪静，退一步海阔天空！”

我们经常会发现一些平日工作勤恳、业务熟练的人却难以受到大家的欢迎。他们往往总是自以为是，容不得任何批评建议，常怒气冲冲，向同事发脾气，或是为一点小事到处抱怨，骂骂咧咧，或是牢骚满腹，怪话连篇。学历高、能力强、经历多、见识广，未必能改善一个人的“人缘”境况，他们照样可能陷入苦闷和孤立。

人与人之间的情绪是会互相感染的，谁都讨厌无故伤害别人情绪的人，哪怕他是为了工作，为了“正事”。其实上班也如同演戏，后者演的是角色，与真我不见得相同，而前者要演的也是种种角色，不见得与真我完全一致。好演员能很快“入戏”，并且可以既将戏里戏外分得很清，又看不出虚伪和矫揉造作。因为他能够收放自如地执行工作，把自己原来的情绪放在一边，专心配合领导、同事的工作要求，表现出适当的情绪，从而营造了一个轻松、适宜的气氛，既有利于同事表现合理的情绪，也无疑会令自己受欢迎。

人皆有七情六欲，遇到外界的不良刺激时，难免情绪激动，发火，愤怒。这是人的一种自我保护的本能的生理和心理反应。但这种激动的情绪不可放纵，因为它可能使我们丧失冷静和理智，使我们不计后果地行事。因此，我们在遇到事情时，在面对人际矛盾时，要学会克制，学会忍耐，而不要像炮捻子，一点就着。

中国古代作战时，一方攻城，一方守城。守城的将护城河的吊桥高高吊起，紧闭城门，那攻城的便无可奈何。实在不行，攻城的便在城下百般咒骂，非要惹得那守城的怒火中烧，杀出城来——攻城的就可以乘机获胜了。兵法上这叫“激将法”。但如果守城的能克制、忍耐，对方也就无计可施了。敌我作战需要有克制、忍耐的大将风度，就是日常生活中待人处事也须有克制、忍耐的涵养。

克林顿说得好：“与其为争路而被狗咬，不如让路给狗。因为即使将狗杀死，也不能治好受伤的伤口。”中国古语也讲：“小不忍则乱大谋。”如果你想和对方一样发怒，你就应想想这种爆发会产生什么后果。如果发怒必定会损害你的身心健康和利益，那么你就应该约束自己、克制自己，无论这种自制是如何地吃力。

发怒的人大多是弱智

很多的时候，别人是无法改变你的，如果你自己不愿意的话。若一个人的自我评价处于高水平，则这样的人是很容易相处的。他们对人热情，慷慨大方，容易谦让，愿意倾听别人的意见，他们已经满足了自己的最基本的需要，能够考虑别人的需要。他们的个性是那样地坚强和自信，以至于足以赖此渡过重重难关。他们能承受偶尔的挫折，敢于承认自己所犯的错误。他们虽然可能遭到非议和批评，但他们还是可以轻而易举地做到这一切。因为这样的事在他们的自尊中仅造成一点很小的创伤，未被伤害的东西还很多。

这是个众所周知的事实：处于最高层的大人物比微不足道的小人物更容易相处。故事讲的是第一次世界大战时的一个列兵，他大声喊叫：“消灭那个该死的对手。”可是他懊恼地发现自己所冒犯的人是“思杰克”潘兴上将。当这个列兵结结巴巴地道歉时，潘兴上将轻轻拍拍他的后背说道：“没关系，孩子。”

上将的形象没有被列兵的亵渎伤害。

发怒的人大多是弱智，生气的人是替别人的过错承担痛苦。当一件事情发生时（当然是不好之事），要么去宽容，要么去解决，生气是一种浪费。大糊涂乃是大聪明。

《菜根谭》中教人圆滑处世的智慧之一便是宽容他人，宽容同事方能建立起与之的良好关系，像班超、欧阳修一样，宽容他人的过错，就会赢得朋友，赢得同事的佩服与尊敬。宽容同事可以消除彼此之间的怨恨，原谅同事的错误可以创造一个宽松的工作环境。

“不责人小过，不发人隐私，不念人旧恶，三者可以养德，亦可以远害。”

宽容他人，需要自己有度量。何谓“度量”，度量原本是指计量长短和容积的标准，人们后来拿它喻指人的器量胸襟。柳宗元在《柳常侍行状》中道：“惟公质貌魁杰，度量宏大。”就是这个喻义了。

有的人豁达大度，“将军额上能跑马，宰相肚里能撑船”。蔺相如位尊人上，廉颇不服，屡次侮辱之，但他仍以国家利益为上，以社稷为重，处处忍让，是度量大也。三国时期的蒋琬，身为尚书令，找一个部下谈话，那人不理他，他不计较，还有下属在背后说他的坏话，认为他办事不行，不如前人。有人向他告发，他也毫不介意，还说他说得对，我确实不如前人。何以如此？气量大也。

有的人却气量狭窄，锱铢必较，小肚鸡肠，不能容事。西方近代天文学之父弟谷就曾是一个度量狭小的人。他在学校读书时，因为一个数学问题与一个同学发生争执，他竟决定与人决斗。决斗中，弟谷的鼻子被对方削掉，在下半辈子，只好戴着个假鼻子度日。

与同事相处要看到其长处，要包容其缺点。孟尝君出使秦国时，遭人谗害，秦昭王把他囚禁并想杀了他。危急之时，孟尝君就想到向昭王的宠姬求救，而那宠姬却想要孟尝君那件已献给昭王的白狐裘。孟尝君的一位食客，曾是偷盗之徒，他使出拿手绝活，帮孟尝君盗出那件白狐裘，献给了这个宠姬而使孟尝君获救。

孟尝君被昭王释放后，急驰回国，走到函谷关时，已是夜半，须到鸡叫时方可出关。于是食客中又有一个善学鸡叫的人学了几声鸡叫，才使孟尝君逃出函谷关，回到齐国。

金无足赤，人无完人。我们不要太苛求，与各种不同的人都要交往，很多人都是有着缺点的好人。

据记载，在唐朝第三个皇帝高宗即位后，一直受到皇后武则天的限制，因而抑郁而终。有一次，高宗在巡视途中，遇到一家好几百人同堂的大家族。大家生活在同一屋檐下，却没有任何风波，十分和睦地生活在一起，这在当时实在少有。因此，高宗特地去拜访这个家族，向他们请教家族和睦的秘诀。

于是族长取出纸和笔，连写了一百多个“忍”字给高宗看，意思是讲，大家族和乐的秘诀除了“忍”以外别无他法。高宗看后深有同感，赐给该家族莫大的褒赏。

同事，也是社会这个大家庭的成员，凡事只要退一步，就会是另一个局面。当你在小事上忍下去，就会成大业。

其实，有些时候，并不一定需要去容忍，当你换一个角度去看时，你会生出另外的感觉。

有这么一个女孩，除了她自己以外，所有的人都讨厌她的虚荣、吹牛、矫情……甚至连你也觉得难以容忍。如果有一天，你突然想一如果她是一个文学中的典型，那又是什么样的呢？当你将她作为某个小说中的主人翁时，你自然就很有兴趣去观察她。

宽容是一种美德，也是一种境界。当你为小事而恼火的时候，你就想自己到底是俗人一个。不过，你还是应该试着向“圣人”迈步。

同事与同事之间，从某种意义上说，也是“肝胆相照，荣辱与共”。

同船共渡是八百年所修，身为同事也是一种难得的缘，我们不妨好好珍惜。

宽容，不是表面的压制，而是内心的真正容忍，否则，还是会出现问题。

在日本，曾经数届担任着首相的佐藤荣作，在其卸任时所召开的最后一次记者招待会上，突然翻脸，把记者们全数轰出会场。这件偶发的不愉快，使几十名记者下不来台。

招待会刚开时，佐藤还谈笑风生，甚至和记者们大开玩笑，谁也没有料到，后来会发生那种尴尬万分的场面。是什么原因使得佐藤首相做出如此失态之举呢？原来平日里，佐藤就对某些记者的恶意抨击或歪曲本意的不实报道具有强烈反感，因而怀恨在心，并于此扩展到对整个记者们的不满。久而久之，形成成见，最终地爆发使他损失惨重。

佐藤的行为似乎出人意料，其实从心理学角度看，这并不是一件不可预料的突发事件。一个人对某人某事产生反感或怒意时，表面上由于理智的作用，可能极力隐瞒压抑，使之不露于外。因此，佐藤可能平时对记者们不满，甚至想狠狠地揍他们一顿也未可知，但他身为一国首相，地位赫然，他不能莽撞；他的良知也不断地提醒他，不得如此冲动！然而，人类抑制感情的能力终究是有限度的，当成见发展到一定程度，又遇有“合适”机会时，这种“厌恶”感情就会爆发，将压抑许久的不满之辞倾盆泄出，在这种情况下，可以想象对方将是一副什么样的窘态。

可见，宽容是多么至关重要。当我们在潜心求学的同时，不妨也能修身养性，培养自己的宽大、豁达心怀。

劝告，也需要裹上一层糖衣

“良药苦口利于病，忠言逆耳利于行。”但是我们为此吃足了苦头，在这个世界上我们需要说真话，但如果这种真话你说得不恰当，还不如不说的好。其实良药未必苦口，忠言未必逆耳，只要我们把话变个说法说，人人都是话的“魔术师”。

有一位先生尽管才华横溢，并努力认真地生活，然而，由于具有直言不讳的个性，所以即便他多么努力都是白费。他好像永远都无法与他人和平共处。除了直言不讳这点，他似乎还具备成为一个杰出人物、成为一个领导者的人格特质，然而那正是构成他无法施展所长的关键，使得他的生活总是波折不断、困难颇多。他总是做那些不该做的事，说那些不该说的话，并在无意之中伤害他人的感情，这所有的一切完全抵消了他努力想取得的好结果。努力变得毫无意义，因为在他的头脑里压根就没有“把话变个方法说”的观念。他一直都在不断地得罪和冒犯他人。

我们都认识这样的人，他们以无拘无束、鲁莽直率地畅所欲言为荣。他们认为这是一种诚实的表现，是独特个性的一种象征。在他们看来，那些迂回曲折的表达方式和人际交往中常用的外交辞令，都是懦弱和虚伪的表现。他们所信奉的是“有什么就说什么”，然而，这样的人永远都不可能取得成功。尽管人们相信他们是诚实的，但是，由于不愿把话裹上一层糖衣，不善于察言观色，他们常常把事情搞得一团糟。他们不知道如何有效地影响和驾驭他人—他们在人群中总是显得那么格格不入，总是处于极度尴尬的场面。每次他们在我们面前说话，总是会触及我们的痛处，常常惹得我们火冒三丈。这样的人怎么可能成功呢？他们无法成功的原因绝不在于他们诚实与否，而是不能在人群之中自处。

我们都喜欢受到体贴入微、温柔的对待，都希望和聪颖机智的人打交道，鲁莽的个性是不受人们喜爱和欣赏的。那些以毫无顾忌地、直来直往的说话方式为荣的人，通常既不会有太多的朋友，也不会在事业上达到较高的地位，而且很多时候，会不自觉地对他人造成伤害。

因此，即使是真话还是得变个说法为妙。

德皇威廉二世派人将一艘军舰的设计图交给一位造船界的权威人士，请他评估一下。他在所附的信件上告诉对方，这是他花了许多年、耗费不少精力才研究出来的成果，希望能仔细鉴定一下。

几个星期之后，威廉二世接到了这位权威人士的报告。这份报告附有一叠十分详细的分析推论。文字报告是这么写的："陛下，非常高兴能见到一幅美妙的军舰设计图，能为它作评价是在下莫大的荣幸。可以看得出来这艘军舰威武壮观、性能超强，可以说是全世界绝无仅有的海上雄狮。它的超高速度前所未有，而武器配备可说是举世无双，配有世上射程最远的大炮、最高的桅杆；至于舰内的各种设施，将使全舰的官兵如同住进一间豪华旅馆。但这艘举世无双的超级军舰还有一个小缺点，那就是如果一下水，马上就会像只铅铸的鸭子般沉入水底。"

本来就是玩票性质的威廉二世，看到了这个报告，不禁会意地笑了。

其实这位造船界的权威人士的意思就是这张设计图根本是张废纸。但他如果直言不讳地说"陛下，你的设计图一点也不适用，只有一个空架子"，结果会怎么样呢？你用脚指头想都知道了。

所以进入社会之后，一定要明白良药不一定苦口，即便出发点是为人们好的劝告也需要裹上一层糖衣。让别人如沐春风，你也必定拥有一个处于春天的人生。

拒绝别人，切记不能伤害别人的自尊心

在人际交往中，即使拒绝别人，也一定要切记不能伤害别人的自尊心，因为只有尊重别人，别人才会喜欢你、尊重你。拒绝别人的时候，最好采用委婉的做法，否则可能会伤害对方，为以后的人际交往埋下隐忧。

一般来说，一个人有事求别人帮忙时，总是希望别人能满足自己的要求，却往往不考虑给他人带来的麻烦和风险。如果实事求是地讲清利害关系和可能产生的不良后果，把对方也拉进来，共同承担风险，即让对方设身处地去判断，这样会使提出要求的人望而止步，放弃自己的要求。

同时要注意，大凡来求你办事的人，都是相信你能解决这个问题，抱有很高的期望值。对你抱有期望越高，越是难以拒绝。在拒绝要求时，倘若多讲自己的长处或过分夸耀自己，就会在无意中抬高了对方的期望，增大了拒绝的难度。如果适当地讲一讲自己的短处，就降低了对方的期望。

志良是一位医生，他有个朋友想请长假外出经商，于是打电话找他帮忙开个假的肝炎病历和报告单。对这种作假行为医院早已多次明令禁止，一经查实要严肃处理。但是由于两人是相交多年的好友，于是志良没有马上拒绝，而是约那位朋友晚上下班一起喝茶。

在环境幽雅的茶馆里，两个许久未见面的老朋友开始聊天。志良真诚地说："你上午跟我说的事情，我后来又认真考虑了一下。现在我们医院的情况是，一旦发现这种作假行为，就严肃处理，而我只是一名刚工作不久的医生，很多关系都没有。你们公司是不是也这样呢？如果是的话，我们应该先一起考虑一下事情的后果。"那位朋友听后，也认真想了想说："我一时没想那么多，经你这么一说，我也觉得这个办法不行。"志良说："很抱歉，没能帮上你的忙。"那位朋友说：

“哪里，是我考虑问题不周到，幸亏你提醒，否则差点犯错误。”

最后，两个好朋友握手互相道别。他们之间也并没有因此而心生芥蒂，两人还是很好的朋友。

由于共担可能出现的风险，对方就能由己及人地去想问题，体谅别人的难处。在人际交往中，只要还有一线希望达到目的，谁也不愿意轻易地接受拒绝。在拒绝别人的要求时，铁一样的事实摆在眼前，无论怎样坚持意见的人，也不能不放弃自己的要求。

由于人的自尊心，有求于别人时往往都带着惴惴不安的心理，如果一开始就说“不行”，势必会伤害对方的自尊，使对方不安的心理急剧加速，失去平衡，引起强烈的反感，从而产生不良后果。因此，不宜一开口就说“不行”，应该尊重对方的愿望，先说关心、同情的话，然后再讲清实际情况，说明无法接受要求的理由。由于先说了那些让人听了产生共鸣的话，对方才能相信你所陈述的情况是真实的，相信你的拒绝是出于无奈，从而表示理解。

当拒绝别人时，不但要考虑到对方可能产生的反应，还要注意准确恰当的措辞。比如你拒聘某人时，如果悉数罗列他的缺点，会十分伤害他的自尊心。倒可以先称赞他的优点，然后再指出缺点，说明不得不这样处置的理由，对方也能更容易接受，甚至感激你。对别人的要求要洗耳恭听，对自己不能答应的事要表示抱歉，这些都是在你回答“不”之前所应思考的。尤其当要求的对方是上级时，说话更要留余地。总之，拒绝人不是伤害人。说“不”之前，注意要做到这几点：

1. 降低对方对你的期望。

2. 让对方明白自己的难处。

3. 尽量使你的话温柔缓和。

拒绝无疑会令人不快，所以才更加需要“委婉”地拒绝。特别是上级、师长拒绝下级、晚辈的要求，不能盛气凌人，要以同情的态度、关切的口吻讲述理由，使之心服。在结束交谈时，要热情握手，热情相送，表示歉意。一次成功的拒绝，不仅不会影响双方的感情，更可能为将来的重新握手、更深层次的交际播下希望的种子。

让对方感受你的真诚和善意

启功先生是我国著名的书法家，在20世纪70年代末向他求学、求教的人就已经很多了，以至先生住的小巷终日脚步声和敲门声不断，惹得先生自嘲说：“我真成了动物园里供人参观的大熊猫了！”有一次先生患了重感冒起不了床，又怕有人敲门，就在一张白纸上写了四句：“熊猫病了，谢绝参观；如敲门窗，罚款一元。”先生虽然病了，但仍不失幽默。

启功先生是不得已而为之，因为他的身体实在支撑不起。那么，直截了当地拒绝人们的所求又不符合先生处事的原则，所以最后才采用了这种幽默的拒绝方式。

拒绝是一门艺术，它最核心的原则就是无论用什么样的方法，一定要让对方感受到你的真诚和善意，从而取得理解和共识。通常情况下，先不要急于表达，认真地提问和倾听可以帮助你理解他为什么会这么做，而不至于让自己很快产生不必要的情绪，影响交谈。当你理解了他的要求时，表达出你对他的理解和友好的愿望，然后再让他理解你的想法和需要，告诉他，你之所以不能这样做的理由。如果你们在某些问题上有分歧，需要你坚定但友善地告诉他你的想法，并让他看到你的坚持。

俄国著名化学家门捷列夫，他的最大贡献就是发现了化学元素的周期表。门捷列夫是个治学严谨的人，他的时间观念相当强，差不多把每天的时间都安排得满满的。一天，一个熟人到门捷列夫家里做客，他一坐下来就喋喋不休地讲着。直到说得累了，才意识到可能自己的话太多，就问道：“我是不是使你感到厌烦了？”门捷列夫过了好一会儿才回过神来，回答说：“对不起，你刚才说到哪儿了？你继续说吧，我正在想自己的事呢。”那人一听，有些吃惊，原来自己讲了半天，对方却一句话也没听进去，那人终于知趣地告辞离开了。

一次，一个妇人找到林肯理直气壮地说：“总统先生，你一定要给我儿子一个上校的职位。我们应该有这样的权利，因为我的祖父曾参加过雷新顿战役，我的叔父在布拉敦斯堡是唯一没有逃跑的人，而我的父亲又参加过纳奥林斯之战，我丈夫是在曼特莱战死的，所以……”林肯回答说：“夫人，你们一家三代为国服务，对国家的贡献实在够多了，我深表敬意。现在你能不能给别人一个为国效命的机会？”机智幽默的回答巧妙地使那妇人无话可说，只好悄悄走了。

同是拒绝求人者，不同的拒绝方式给人的感受是不同的，有的拒绝能让人接受和理解，而有的拒绝则使人仇视和反感。可见，同是拒绝，还是应该多注意些方式，多讲究些艺术。

拒绝分为几种情形：

一种是直截了当地拒绝。被求者不加掩饰，直接告诉对方所求之事不能办，干脆利落，不拖泥带水。

再一种是曲来绕去地拒绝，这就是说被求者碍于面子，不便直接回绝求人者，就先绕一个大弯子，将所求之事先应承下来，而实际上又未做明确的承诺，抑或说早已暗示此事根本就办不成。

还有一种是无奈的拒绝，是被求者对人所求之事，应承有难处，不应承又不好直言相告，于是就采取一种暂时拖延的迂回方式。比如启功先生采取的这种幽默的拒绝方式，或许有些许无奈，但是却让人觉得充满了人情味。

记住，表达友好和善意是我们拒绝时最重要的原则，它可以帮助我们建立更适宜和恰当的人际关系。在这个前提下，您可以灵活使用各种方法，有时候找一点小借口，或者介绍其他人帮他找到解决之道。幽默的拒绝，绝对会为你在人际交往中的形象加分。